김기석 목사

광야와 같은 현실에서 예언자의 목소리를 내면서 가난하고 소외된 이웃을 따뜻하게 보듬는 목회를 해왔다. 교회에서는 다정하고 유쾌한 목사로, 밖에서는 지친 이들에게 희망을 전하는 메신저 역할을 다하였다. 그의 설교는 열린 신앙과 도저한 지성, 분방한 상상력이 녹아든 완성도 높은 문학 작품이자 감동적인 스토리텔링이다. 문학과 철학을 포함한 고금의 문자 텍스트뿐만 아니라 음악과 미술 등 다양한 장르의 예술작품들도 소환한다.

감리교신학대학교와 동 대학원을 졸업하고 1997년부터 2024년까지 청파교회에서 목회하고 은퇴하였다. 감리회 출판국(kmc)에서 처음 책 『새로 봄』을 썼고, 『말씀 등불 밝히고』, 『김기석 목사의 청년 편지』, 『가치 있는 것들에 대한 태도』, 『당신의 친구는 안녕한가』, 『일상 순례자』 등 많은 책을 썼으며, 옮긴 책으로 『마르틴 루터의 단순한 기도』 등이 있다.

특별한
빛을 보내오는
사람들

특별한 빛을 보내오는 사람들

김기석의 그림읽기

kmc

서문

특별한 빛을 보내오는 사람들

"모베는 내가 '나는 예술가야'라고 한 말에 화를 냈어. 그 말을 나는 취소할 수 없어. 왜냐하면 그 말은 무엇인가를 완벽하게 발견했다는 말이 아니라 언제나 그것을 탐구한다는 뜻이기 때문이야. 그것은 '나는 그에 대해 모든 것을 알고 있어. 나는 이미 그것을 발견했어'라고 말하는 것과 반대 의미야. 내가 아는 한 그 말은 '나는 탐구한다. 나는 분투한다. 나는 열중한다'라는 뜻이야."(빈센트 반 고흐, 『세상에서 가장 아름다운 편지』, 박홍규 엮고 옮김, 아트북스, 206쪽)

사람은 무엇을 알 수 있는가? 대상에 대한 완전한 이해와 인식은 처음부터 가능한 일이 아니다. 뭔가를 언어로 포착했다고 자부하는 순간 그 대상은 우리가 구성해놓은 개념 밖으로 미끄러져 달아난다.

연암 박지원(1737~1805)은 아이들이 나비를 잡는 것을 보다가 문득 사마천이 '사기'를 쓸 때의 마음이 저러했으리라고 느낀다. 아이가 발꿈치를 들고 살금살금 조심스럽게 다가가 두 손가락을 집게 모양으로 만들고는 잡을까 말까 하는 순간 나비는 그만 날아가 버린다. 진실을 파악하거나 인식하는 일의 어려움이 여기에 있다. 그림자를 붙들고 실재를 얻었다고 자부하는 이들이 많다.

빈센트 반 고흐(Vincent Willem van Gogh, 1853~1890)는 대상을 탐구하고, 이해하기 위해 분투하고, 쉽게 포기하지 않고 열중하는 사람을 가리켜 '예술가'라 말한다. '예술가'의 자리에 '신앙인'이란 말을 대입해도 좋을 것 같다. "나는 이것을 이미 얻은 것도 아니며, 이미 목표점에 다다른 것도 아닙니다. 그리스도 예수께서 나를 사로잡으셨으므로, 나는 그것을 붙들려고 좇아가고 있습니다(빌 3:12, 새번역)." 하나님에 대해서, 성경에 대해서, 진리에 대해서 모르는 게 없는 것처럼 말하는 이들을 경계해야 한다. 그들은 오만한 자부심으로 진실을 왜곡할 뿐만 아니라, 다른 이들을 오도하기에 위험하다.

성경은 다양한 해석 가능성을 향해 열려 있는 텍스트이다. 시편에는 인간의 하나님 체험을 드러내는 다양한 은유가 등장한다. '하나님은 나의 ○○○'이라는 형태의 고백 말이다. '○○○' 안에 들어가는 단어는 실로 다양하다. 목자, 빛, 산성, 피난처, 피할 바위, 힘, 노래, 구원, 방패, 구원의 뿔, 견고한 망대, 분깃, 은신처, 등불 등 일일이 헤아리기 어려울 정도이다. 그 은유 하나하나 속에는 인간 삶의 다양한 경험이 농축되어 있다. 그 경험 세계에 귀를 기울일 때 하나님에 대한 인식은 깊어지고, 타자를 상상하는 능력 또한 커진다.

성경은 매끈한 텍스트가 아니라 주름이 많은 텍스트이다. 주름의 갈피마다 생략된 혹은 언표되지 않은 하나님 체험이 오롯이 서려 있다. 그런 체험을 우리 삶의 경험과 대면시킬 때 성경은 살아있는 말씀으로 다가온다. 의미의 복잡성을 허용하지 않는 단일한 해석은 확고해 보이지만 사람들을 교조주의의 함정에 빠뜨리게 마련이다. 동일성에 대한 강박은 일체의 다름을 용납하지 않는다. 자기와 생각이 다른 이들을 억지로라도 변화시키고 싶은 욕구 속에서 광신이 싹튼다. 배움은 무지를 자각하는 데서 비롯된다. 자기의 무지를 뼈저리게 자각한 사람은 오만할 수도 없고 나태할 수도 없다.

성경을 해석하기 위해서는 상상력이 필요하다. 미술 작품에 주목하는 것은 그 때문이다. 많은 화가들이 성경의 결정적 순간들을 그림 속에 담아냈다. 그들의 목표는 성경 이야기를 가시적으로 재현하는 것이 아니었다. 자기들이 해석하고 이해한 바를 빛과 색채와 형태에 담아 펼쳐놓았다. 화가들이 동일한 텍스트 혹은 주제를 반복해서 그린 것은 그 사건에 대한 이해가 달라졌기 때문이다. 생각의 길이 막힐 때마다 렘브란트와 샤갈의 성서화, 조르주 루오의 그림과 판화, 지거 쾨더 신부의 그림을 보곤 했다. 이후에 초보적인 수준이지만 미술사에 대한 공부를 하면서 신학적 사유의 길 하나를 더 얻은 것 같은 기쁨을 맛보았다.

이 책은 성경 이야기를 화폭에 담은 작품들을 통해 신학적 사유를 확장해보려는 작은 노력의 결실이다. 시각적 이미지를 언어적으로 재현하는 에크프라시스(ekphrasis) 과정을 반복하면서 성경이 전하는 사건을 입체적으로 이해하는 가외의 소득을 얻기도 했다. 미술사적 관점에서 글을 살펴봐준 정상신 목사님께 깊은 감사의 마음을 전한다.

마르셀 프루스트는 『잃어버린 시간을 찾아서』에서 예술의 의미를 이렇게 설명한다.

"예술 덕분에 우리는 단 하나의 세계, 우리만의 세계를 보는 대신 세계가 증식되는 걸 보며, 독창적인 예술가가 많으면 많을수록 더 많은 세계를, 각각의 세계가 무한 속에 굴러가는 것보다 더 상이한 세계를 우리 마음대로 이용할 수 있으며, 그리하여 그 세계는 몇 세기가 지난 후 렘브란트 또는 페르메이르라고 불리는 광원이 꺼진 후에도 여전히 그들의 특별한 빛을 보내온다."(마르셀 프루스트, 『잃어버린 시간을 찾아서 13: 되찾은 시간 2』, 김희영 옮김, 민음사, 74~75쪽)

광원이 꺼진 후에도 특별한 빛을 보내오는 이들, 그들이야말로 신의 메신저가 아닐까? 그들의 목소리에 귀를 기울일 때 하나님의 세미한 음성이 문득 들려올지도 모르겠다.

차례

서문　특별한 빛을 보내오는 사람들　4

1부

거룩한 삶은
어디에 있는가

고단할지라도 삶은 장엄하다　14
장 프랑수아 밀레, 〈이삭 줍는 사람들〉

오늘도 묵묵히 일하는 사람들　24
조르주 드 라 투르, 〈목수 성 요셉〉

성과 속의 경계는 없다　34
바르톨로메 에스테반 무리요, 〈천사들의 부엌〉

성스러움을 품고 있는 속됨　44
빈센트 반 고흐, 〈성경이 있는 정물〉

2부

우리는 모두 흔들리기에

타자 부정을 넘어 56
티치아노 베첼리오, 〈가인과 아벨〉

탐욕은 눈을 멀게 한다 68
피터르 브뤼헐, 〈눈먼 자들의 비유〉

의심은 더 깊은 인식으로 인도하는 통로 78
미켈란젤로 메리시 다 카라바조, 〈의심하는 도마〉

불의에는 분노 약자에겐 연민 88
산드로 보티첼리, 〈모세의 시험과 부르심〉

넘실대는 파도 피어나는 희망 98
틴토레토, 〈갈릴리 바다의 그리스도〉

3부

소란한 세상에서 균형을 찾다

멈춰서야 보이는 것들 110
조반니 벨리니, 〈초원의 성모〉

세상의 소란에 흔들리지 않으려면 120
프라 안젤리코, 〈조롱당하는 그리스도〉

고요함으로의 초대 130
요하네스 페르메이르, 〈저울을 든 여인〉

하나님의 은총이 세상을 지킨다 140
조르주 루오, 〈어머니들이 미워하는 전쟁〉

4부

탄생부터 부활까지

예수님은 어떻게 이 땅에 오시는가? 152
헨리 오사와 태너, 〈수태고지〉

보라, 하나님의 아들이다 162
피에로 델라 프란체스카, 〈그리스도의 세례〉

세상의 모든 슬픔을 짊어지고 172
미켈란젤로 부오나로티, 〈론다니니 피에타〉

죽음을 이긴 생명 182
라비니아 폰타나, 〈내게 손을 대지 말아라〉

5부

비로소 하나님의 마음으로

아픔을 마주하는 시간 194
에드바르 뭉크, 〈병든 아이〉

하나님의 마음을 읽으라 204
지거 쾨더, 〈너희가 나에게 먹을 것을 주었다〉

그리스도의 임재를 체험하라 214
루카스 크라나흐, 〈종교개혁 제단화〉

서로를 향해 내민 손 224
오귀스트 로댕, 〈대성당〉

고통을 넘어 기쁨에 이르다 234
마르크 샤갈, 〈이삭의 희생〉

1부

거룩한 삶은 어디에 있는가

장 프랑수아 밀레, **이삭 줍는 사람들** The Gleaners
1857, 83.5×111cm, 오르세 미술관, 파리

고단할지라도
삶은 장엄하다

장 프랑수아 밀레
〈이삭 줍는 사람들〉

    장 프랑수아 밀레(Jean-François Millet, 1814~1875)는 많은 한국인들이 사랑하는 화가입니다. 농촌생활을 배경으로 한 그림들이 친숙하게 느껴지기 때문인 것 같습니다. 〈만종〉이나 〈씨 뿌리는 사람〉, 〈이삭 줍는 사람들〉은 신산스러운 삶의 애환보다는 고즈넉한 목가적 풍경을 떠올릴 때 일쑤 소환되곤 합니다.

    밀레는 프랑스 바르비종파의 대표적인 작가입니다. 바르비종(Barbizon)은 파리 근교 퐁텐블로 숲 근처에 있는 작은 마을입니다. 1820년 이후 많은 화가들이 이곳에 모여들어 일종의 공동체를 이루었습니다. 역사를 뜨겁게 달구었던 프랑스 혁명의 퇴행과정을 거치면서 도시생활에 지친 화가들은 이곳에 모여 자연과 숲을 그리기 시작했습니다. 영웅들의 역사나 신화가 아닌 자연 속에서 위안을 찾았던 것입니다. 테오도르 루소(Theodore Rousseau, 1812~1867), 장 바티스트 카미유 코로(Jean-Baptiste-Camille Corot, 1796~1875) 등이 잘 알려진 화가입니다. 그들이 그린 풍경화는 자연을 이상화하는 것과는 거리가 멉니다. 직접 체험하고 관찰하면서 얻은 통찰을 그렸을 뿐입니다. 그들의 작품이 시적으로 보이는 것은 그 때문입니다.

부유한 농부의 아들로 태어난 밀레에게 농촌 풍경은 그야말로 정서의 원형입니다. 일찍이 재능을 알아본 아버지의 권유로 그림 유학을 떠나 화가의 길에 접어들었지만, 화가로서의 이력이 그리 화려해 보이지는 않습니다. 그가 바르비종으로 돌아간 것은 어쩌면 그 때문인지 모르겠습니다. 많은 가족을 건사해야 하는 가장으로서 일상은 고단하기 이를 데 없었습니다.

∎∎∎∎∎∎∎∎∎

로스앤젤레스 근교의 폴 게티 미술관에서 밀레의 〈괭이를 든 사람〉을 보았을 때의 충격을 잊을 수 없습니다. 후줄근한 옷을 입은 한 남자가 지친 듯 괭이에 두 손을 올린 채 구부정한 자세로 서 있습니다. 대지를 딛고 있는 괭이와 추레한 두 다리가 마치 人(사람 인) 자처럼 보였습니다. 사람살이의 어려움이 이미지화된 것 같았습니다. 헤벌어진 입과 표정이 그가 느끼는 피곤함을 여실히 보여 줍니다. 일구어진 밭은 고된 노동의 시간을 일깨워 주지만 그가 계속해서 직면해야 할 시간은 녹록지 않아 보입니다. 돌짝밭입니다. 엉겅퀴가 곳곳에 자라고 있습니다.

누가 일깨워 주지 않아도 성경구절이 저절로 떠오릅니다. "이제, 땅이 너 때문에 저주를 받을 것이다. 너는, 죽는 날까지 수고를 하여야만, 땅에서 나는 것을 먹을 수 있을 것이다. 땅은 너에게 가시덤불과 엉겅퀴를 낼 것이다. 너는 들에서 자라는 푸성귀를 먹을 것이다(창 3:17~18, 새번역)." 밀레가 이 말씀을 염두에 두고 그림을 그렸는지는 모르겠습니다. 금방이라도 신세 한탄이 터져 나올 것 같은 광경입니다. 갈색 대지와 분홍빛 하늘이 서로 스며들어 곤고한 삶을 물들이고 있습니다. 저 멀리에서 연기가 피어오릅니다. 대지를 기름지게 하려고 풀들을 태우는 연기일 것입니다.

삶은 이렇게도 고단합니다. 그런데 이상하게도 그림을 보면서 비

괭이를 든 사람, 1860~1862

참하다는 생각이 들지 않았습니다. 오히려 삶의 장엄함을 생각하였습니다. 척박한 대지를 일구며 살아가는 일은 물론 힘들지만, 그것을 자신의 운명으로 수용하고 살아가는 이들의 검질긴 모습은 생명의 숭고함을 보여 줍니다. 빈센트 반 고흐의 〈감자 먹는 사람들〉을 보며 우리가 감동하는 것은 감자를 입으로 가져가는 그 손이 대지를 일구던 흙 묻은 손이라는 사실 때문인 것과 마찬가지입니다.

수해나 산불 피해를 입은 이들의 모습이 떠오릅니다. 시간을 들여 정성껏 가꾸어온 삶의 터전이 삽시간에 불길에 휩싸이거나 거센 물살에 쓸려 사라졌을 때 그들이 느끼는 상실감이 얼마나 컸겠습니까? 그러나 잠시 절망과 탄식의 시간을 보내고 나면 그들은 다시 일어나 삶의 자리를 정돈합니다. 버릴 것은 버리고, 닦을 것은 닦습니다. 다시 일어섬, 그것이 생명의 아름다움이고 장엄함입니다.

하나님의 창조 이전 세계의 황량함을 표현하기 위해 성서 기자가 선택한 단어는 '혼돈, 공허, 어둠, 깊음'이었습니다. 하나님은 혼돈으로 가득 찬 세상에 질서를 부여하셨지만, 세상은 때로 혼돈으로 돌아가곤 합니다. 노아 홍수는 궁창을 통해 갈라놓은 혼돈의 물이 다시 합쳐졌음을 보여 줍니다. 땅속 깊은 곳에서 큰 샘들이 터지고, 하늘에서는 홍수의 문들이 열린 것입니다. 하나님의 형상으로서의 인간은 혼돈으로 돌아간 세상을 질서 있게 회복할 책임을 떠맡고 있습니다. 울면서라도 씨를 뿌려야 하는 것은 그것이 생명의 조건이기 때문입니다.

밀레의 〈씨 뿌리는 사람〉은 바로 그런 인간의 위대함을 힘차게 보여 줍니다. 대지를 굳게 딛고 선 그의 동작은 역동적입니다. 적대적인 운명에 수동적으로 당하지 않겠다는 당당함이 느껴집니다. 고흐가 밀레의 그림을 모사한 〈씨 뿌리는 사람〉은 황금빛으로 빛나는 태양과 저 멀리 물결을 이루는 밀밭을 배경으로 씨를 뿌리는 사람이 등장합니다. 노란색과 보라색이 섞인 대지는 비교적 편안해 보입니다. 밀레의 그림보다 훨씬 낙관적인 분위기입니다. 가만히 보면 밀레의 그림에서 씨앗을 움켜쥔 농부의 손이 마치 돌을 쥔 것처럼 보입니다. 그만큼 밀레의 삶이 곤고했음을 방증하는 것입니다.

∎∎∎∎∎∎∎∎∎∎

〈이삭 줍는 사람들〉은 1857년에 완성한 작품입니다. 40대 왕성한 시기에 그린 작품인데도 그림 분위기는 애잔하기만 합니다. 그림에 등장하는 세 여인은 프랑스 사회의 가장 가난한 계층을 대변합니다. 여인들은 추수가 끝난 들판에 엎드려 떨어진 이삭을 줍고 있습니다. 화면의 좌측 상단에는 수확한 것들을 무겁게 실어나르는 마차가 보입니다. 두 마리 말이 끄는 큰 마차입니다. 우측 상단 저 멀리 말을 탄 사람이 보입니다. 아마도 밭의 주인일 것입니다. 그는 흰옷을 입은 채 수확에 여념이 없는 사람들을 매서운 눈으로 지켜보고 있습니다. 사람들 옆에는 짚가리가 산더미처럼 쌓여 있습니다. 까마득한 저 하늘 위로는 풍성한 수확을 함께 나누고 싶은 새들이 날고 있습니다.

그러나 화면의 3/4을 차지하는 공간의 주인은 여인들입니다. 이는 여인들이 하고 있는 일의 존귀함을 나타냅니다. 허리를 깊이 숙인 두 여인을 구분해 주는 것은 머리에 쓴 두건의 색깔입니다. 파란색과 붉은색이 단조로운 풍경에 색채감을 부여합니다. 비록 빈곤하지만 그들이 절망의 심연으로 끌려 들어가지 않고 있음을 보여 줍니다. 두 여인의 왼손 배치 또한 절묘합니다. 한 여인은 이삭을 든 왼손을 등 뒤로 올렸고, 다른 여인은 무릎께에 두었습니다. 여인들의 손은 투박합니다. 오른쪽에 선 여인은 이제 막 허리를 굽히려 합니다. 수확물을 담기 위해 엉덩이께에 질끈 동여맨 앞치마는 아직 비어 있습니다. 낯빛이 어두워 보입니다. 그러나 여인들의 모습은 대지와 아주 밀접하게 연결되어 있습니다. 분홍빛 하늘은 어쩌면 곤고한 노동 속에 깃든 희망이 아닐까요?

이 그림을 대할 때 사람들은 즉각 룻을 떠올립니다. 자신을 나오미(기쁨)가 아니라 마라(괴로움)라 불러달라던 시어머니를 차마 외면할 수 없어 낯선 땅으로 이주하고, 고통을 마다하지 않았던 룻의 모습에서 사람들은 거룩함을 봅니다.

오늘 우리가 선 자리가 거룩함을 체현해야 할 자리입니다. 거룩한 일이 따로 있는 것이 아니라, 지극정성으로 자기 삶을 살아내는 것이 거룩한 삶입니다. 밀레는 바로 그런 삶의 장엄함 앞에 우리를 세웁니다.

조르주 드 라 투르, **목수 성 요셉** Saint Joseph the Carpenter
1642, 137×101cm, 루브르 박물관, 파리

오늘도 묵묵히
일하는 사람들

조르주 드 라 투르
⟨목수 성 요셉⟩

"오오 눈부시다 / 자연의 빛 / 해는 빛나고 / 들은 웃는다."

괴테(Johann Wolfgang von Goethe, 1749~1832)의 '오월의 노래' 첫 부분입니다. 괴테가 살았던 독일의 기후도 우리나라와 비슷합니다. 5월은 사람들에게 설렘을 안겨 줍니다. 윤석중 선생님이 가사를 쓰신 '어린이날 노래' 역시 싱그러운 자연을 노래합니다. "날아라 새들아 푸른 하늘을 / 달려라 냇물아 푸른 벌판을 / 오월은 푸르구나 우리들은 자란다 / 오늘은 어린이날 우리들 세상." 그런데 가정의 달인 오월의 첫날은 노동자들의 권리와 복지를 향상하기 위해 제정된 '세계 노동자의 날'입니다.

    노동은 신성합니다. 에덴동산을 만드신 후에 하나님은 땅과 거기에 속한 모든 것을 다스리게 하시려고 인간을 창조하셨습니다. 물론 다스림은 함부로 해도 좋다는 뜻이 아니라, 하나님의 창조 목적에 맞게 돌보라는 뜻입니다. 어느 신학자는 에덴동산에서 일하라고 부름 받은 것은 오로지 인간뿐이었다고 말합니다. 그때 그 일은 지긋지긋한 고역이 아니라 하나님의 창조에 참여하는 기쁨이었습니다. 하나님의 창조는 당신 속에 있는 생명력과 창의력이 외적으로 발현된 것이었습니다. 인간의 노동 또한 그러해야 합니다. 자연의 품 안에서 노동하고 서로 사랑하며 살아가는 것이야말로 인간의 아름다움입니다. 자연에 대한 경외, 동료 인간에 대한 존중이 그 바탕임은 말할 것도 없습니다. 창조적인 노동은 우리 속에 깊은 결속 감정을 자아냅니다.

▮▮▮▮▮▮▮▮▮▮

    우리는 예수의 직업이 '목수'였다고 알고 있습니다. 사실 목수라고 번역된 단어 테크톤(tekton)은 나무나 돌을 다루는 장인을 가리킵니다. 그러니까 예수는 건축 노동자였다는 말입니다. 예수는 솜씨 좋은 테크톤이었던 것 같습니다. 그가 고향에 가서 회당에서 가르쳤을 때 사람들이 보여 준 반응이 증거입니다. 사람들은 가르침에 놀라서 말합니다. "이 사람이 어디에서 이런 모든 것을 얻었을까? 이 사람에게 있는 지혜는 어떤 것일까? 그가 어떻게 그 손으로 이런 기적들을 일으킬까?(막 6:2, 새번역)"

'그 손'이라는 표현이 이채롭습니다. 예수의 손을 떠올려 봅니다. 마디조차 보이지 않는 곱디고운 손이었을까요? 그렇지 않을 것입니다. 굳은살 박인 손, 마디 굵은 손, 더러 흉터도 보이는 손이었을 것입니다. 사람들이 그의 말을 듣고 놀라는 것도 무리는 아닙니다. 노동자가 지혜의 말을 한다는 것이 낯설었을 테니까요.

스페인 바르셀로나에 있는 성 가족교회(Sagrada Familia)는 놀랍게도 예수의 아버지 요셉을 복권시키고 있습니다. 아주 오랫동안 성 가족을 그린 그림이나 조각에서 요셉은 드러나지 않거나, 주변 인물로 취급되곤 했습니다. 하지만 성 가족교회를 설계하고 시공한 가우디(Antoni Gaudi, 1852~1926)는 요셉을 성 가족의 중심인물로 내세웠습니다. 성 가족교회에 있는 '탄생의 파사드' 정면부에는 요셉이 일하는 장면이 조각되어 있는데 그의 머리 위로는 분주히 날아다니는 일벌들이 새겨져 있습니다. 그는 이름도 빛도 없이 가정을 돌보는 가장들의 모델이 되었습니다.

▌▌▌▌▌▌▌▌▌

17세기 프랑스 화가인 조르주 드 라 투르(Georges de La Tour, 1593~1652)를 아는 이들은 금방 '촛불'을 떠올리곤 합니다. 그의 그림에 촛불이 많이 등장하기 때문입니다. 그는 프랑스 북동부에 있는 로렌 주의 빅쉬르세유에서 제빵사의 아들로 태어났지만 결혼 후 뤼네빌에 정착하여 살았습니다. 그는 일찍부터 그림에 두각을 드러냈습니다. 그가 살던 시대는 종교개혁 이후 신-구교 간에 벌어졌던 30년 전쟁(1618~1648) 시기였습니다. 참혹한 전쟁은 땅을 황폐하게 했고, 인심을 각박하게 만들었습니다. 게다가 역병까지 창궐했습니다. 그는 황폐해진 고향을 벗어나 파리로 이주하여 루이 13세(Louis XIII, 1601~1643)의 궁정화가가 되었습니다. 루이 13세는 조르주의 〈성 이렌느의 간호를 받는 성 세바스티아누스〉를 매우 좋아했다고 합니다.

조르주 드 라 투르는 키아로스쿠로(chiaroscuro) 기법의 대가였습니다. 이 용어는 빛을 뜻하는 키아로(chiro)와 어둠을 뜻하는 오스쿠로

(oscuro)의 합성어입니다. 그는 빛과 어둠의 조화 혹은 대비를 통해 대상에 입체감을 부여했습니다. 그에게 강한 영향을 끼친 인물은 한 세대 이전의 이탈리아 화가인 카라바조(Michelangelo Merisi da Caravaggio, 1571~1610)였습니다. 조르주는 프랑스 매너리즘 전통에서 탈피하여 인물과 소재, 기법 등을 자유롭게 구사했습니다. 〈주사위 놀이꾼〉, 〈점쟁이〉, 〈카드 사기꾼〉, 〈허디거디 연주자〉 등의 풍속적인 작품도 많이 그렸지만 우리가 그에게 주목하는 것은 그가 그린 성서 인물화 때문입니다.

그중에서도 제가 가장 좋아하는 그림은 〈아내에게 비웃음 당하는 욥〉입니다. 그림 속의 욥은 심신이 다 지친 모습으로 앉아 있습니다. 천으로 하체만을 가린 그의 모습은 그가 '벌거벗겨진 존재' 즉 인생을 쓰라림으로 경험하는 사람들의 아픔을 보여 줍니다. 쭈글쭈글한 가슴과 배, 근육이라곤 찾아볼 수 없는 가느다란 팔은 그의 곤경이 얼마나 컸는지 보여 줍니다. 촛불을 손에 든 아내는 마치 거인처럼 그의 위에 서서 비웃습니다. 욥은 고개를 들어 아내를 바라보지만, 퀭한 눈에는 초점이 없습니다. 화가는 어쩌면 욥의 모습에서 참담한 시대를 앓아야 했던 동시대인들의 모습을 보았는지도 모르겠습니다.

조르주 드 라 투르의 종교화들은 형태의 단순함은 물론이고 등장

아내에게 비웃음 당하는 욥, 1630년경

인물도 매우 제한적입니다. 인물들의 동작도 절제되어 있어서 감상자들은 화면에 옮겨진 사건보다는 각 인물의 고뇌 혹은 정신에 집중하게 됩니다. 그의 작품에 자주 등장하는 촛불은 빛과 어둠을 다루기 위한 나름의 장치겠지만, 인물의 고뇌를 심화하는 데도 중요한 기여를 합니다.

프랑스 철학자 가스통 바슐라르(Gaston Bachelard, 1884~1962)는 아궁이 불은 사람들이 노동하게 하지만 촛불은 생각하게 한다고 말한 바 있습니다. 아궁이의 불을 꺼뜨리지 않으려면 우리는 몸을 움직여 장작을 옮겨와야 하고, 가끔은 부지깽이로 장작들을 재배열해야 합니다. 그러나 촛불은 한 번 밝혀 놓으면 그만입니다. 일렁일 때도 있지만 금방 수직의 중심을 잡고 일어섭니다. 촛불은 태어날 때부터 혼자입니다. 그렇기에 촛불 앞에 앉은 사람은 자기의 내면을 살피기 시작합니다.

∎∎∎∎∎∎∎∎∎

〈목수 성 요셉〉에는 두 사람이 등장합니다. 늙은 목수 요셉과 어린 예수입니다. 작업장에서 요셉은 주문받은 물건을 만드는 것 같습니다. 바닥에는 공구들과 대팻밥이 놓여 있습니다. 이미 진행되어온 작업의 흔적입니다. 그러나 어지럽지는 않습니다. 마치 요셉의 성품을 말해 주는 것 같습니다. 이마 주름이 깊게 팬 요셉의 얼굴은 평온해 보입니다. 지친 기색은 없습니다. 자기 일에 오롯이 집중할 뿐입니다. 그렇기에 그의 노동은 거룩해 보입니다. 죽지 못해 하는 일이 아니기 때문입니다. 요셉의 눈은 노골적이지는 않지만 촛불을 든 채 작업장을 비춰 주는 아들을 대견하게 바라봅니다.

예수의 모습은 맑고 깨끗합니다. 그래서 아름답습니다. 촛불이 꺼질세라 한 손으로 바람을 막고 있습니다. 그런데 그 손은 마치 빛을 투과하는 것처럼 보입니다. 촛불이 아들과 아버지 사이에 있으면서 어둠을 몰아내고 있지만, 제게는 마치 예수의 얼굴에 드러난 하늘빛이 촛불을 거쳐 억센 요셉의 팔과 이마를 비추는 것처럼 보입니다. 광원은 촛불이 아니라 예수인지도 모르겠습니다.

둘을 이어 주는 빛은 부자지간에 형성된 굳건한 신뢰와 사랑을 보여 줍니다. 조르주는 그 사실을 강조하기 위해 배경을 짙은 어둠 속으로 밀어 넣고 있습니다. 말을 주고받지는 않지만 둘 사이에 흐르는 깊은 결속 감정을 어렵지 않게 읽을 수 있습니다. 이런 고요함 속에 깃든 신성함을 볼 수 있는 사람은 복이 있습니다.

바르톨로메 에스테반 무리요, **천사들의 부엌** The Angels' Kitchen
1646, 180×450cm, 루브르 박물관, 파리

성(聖)과 속(俗)의 경계는 없다

바르톨로메 에스테반 무리요
〈천사들의 부엌〉

　바르톨로메 에스테반 무리요(Bartolomé Esteban Murillo, 1617~1682)는 안달루시아 지방의 주도인 세비야에서 활동했던 스페인 화가입니다. 17세기는 독립을 요구하는 네덜란드와 전쟁을 벌이고 스페인 무적함대가 영국 함대에 파괴되면서 스페인의 황금시대가 저물어가던 때입니다. 여전히 도시는 흥청거렸지만 무리요의 삶은 편안하지 않았습니다.

　그가 화업을 시작할 무렵 세비야에는 걸출한 두 명의 화가가 활동하고 있었습니다. 디에고 벨라스케스(Diego Velázquez, 1599~1660)와 프란시스코 드 수르바란(Francisco de Zurbarán, 1598~1664)입니다. 무리요는 그들에게 영향을 많이 받았습니다. 수르바란의 그림을 보면서 그는 키아로스쿠로 스타일(chiaroscuro style)을 익혔습니다. 르네상스 시대의 화가들은 극적인 효과를 내기 위해 배경을 어둡게 하고 인물들의 얼굴을 밝게 표현하는 기법을 즐겨 사용했습니다.

무리요의 마드리드 방문은 그의 회화 세계를 풍요롭게 만들었습니다. 그곳에서 그는 루벤스(Peter Paul Rubens, 1577~1640)와 반 다이크(Anthony van Dyck, 1599~1641), 이탈리아 화가들의 그림을 보면서 자기의 화풍을 만들었습니다. 부드럽고 아련한 빛과 톤을 능숙하게 다루게 된 것입니다. 무리요는 주로 종교화를 많이 그렸습니다. 수도원의 요구에 응할 때가 많았기 때문입니다. 그러나 그의 그림 가운데는 17세기 세비야에 살던 서민들의 삶을 보여 주는 것들이 많습니다.

┃┃┃┃┃┃┃┃┃┃

우리는 그의 그림을 통해 당시 세비야의 거리풍경을 짐작해 볼 수 있습니다. 사실 종교화를 그리는 화가가 풍속화를 그리는 것은 가톨릭 세계에서 흔한 일이 아니었는데 무리요는 플랑드르 상인들의 요청에 응답하기 위해 그런 그림을 많이 그렸습니다.

〈멜론과 포도를 먹는 아이들〉은 길바닥에 주저앉아 간식거리를 즐기는 소년들의 천진한 모습을 보여 줍니다. 〈어린 거지〉는 남루한 차림의 아이가 속옷을 들추며 이를 잡는 장면을 그렸습니다. 발밑에 흩어져 있는 새우 껍질은 아이가 조금 전에 먹은 조촐한 음식을 말하지만 그 아이가 비참해 보이지는 않습니다. 오히려 서산에 기우는 햇빛과 그림자의 대비가 마치 인생은 그런 것 아니냐고 말하는 듯합니다. 〈주사위 놀이를 하는 아이들〉의 모습에도 궁핍함이나 비애는 담겨 있지 않습니다.

〈창가의 두 여인〉은 여러 가지 서사적 상상을 하도록 만듭니다. 창문 덮개에 반쯤 몸을 가린 채 비스듬히 선 나이든 여인은 터져 나오는 웃음을 숨기려고 숄로 입을 가리고 있고, 한 손은 창턱에 팔꿈치를 기대고 다른 손으로 턱을 괸 젊은 여인은 희미하지만 만족스러운 미소를 지은 채 바깥을 내다보고 있습니다. 그들의 관계는 어떠하고, 창밖에서는 어떤 정경이 펼쳐졌을까요?

무리요의 시선은 따뜻합니다. 그는 장엄하고 높은 영적 세계에도 관심을 기울이지만, 일상의 삶 속에서 빛을 발견하는 일 또한 즐긴 것 같습니다.

창가의 두 여인, 1655~1660

∣∣∣∣∣∣∣∣∣∣

영적 생활과 일상생활은 무관할까요? 무리요는 1646년에 마치 이 질문에 답하듯 〈천사들의 부엌〉이라는 대작을 그렸습니다. 사람들은 무리요가 이 그림을 그린 것은 세비야 인근에 있던 수도원 산 프란시스코 엘 그란데(San Francisco el Grande)에서 30년을 하급 수사로 일했던 페레스의 일화에 감명받았기 때문이라고 말합니다. 가난한 집안 출신인 그는 신심이 깊었기에 수도원에 들어왔지만, 라틴어나 그리스어 그리고 스콜라신학 수업을 받지 못했습니다. 그는 주로 부엌일을 했습니다. 그렇지만 그는 기도 생활에 열중했고, 하나님과의 깊은 친교 속에 머물 때가 많았다고 합니다. 어느 날 그는 기도에 몰두하다가 그만 식사 준비하는 것을 잊었습니다. 뒤늦게 깨닫고 허겁지겁 부엌으로 달려갔는데, 천사들이 이미 식사를 다 준비해 놓았음을 알게 되었습니다. 마치 우렁각시 이야기처럼 들리지 않나요?

무리요의 초기 그림들과 달리 이 그림에 등장하는 인물들은 어떤 서사를 전달하기 위해 적절하게 배치되어 있습니다. 화폭의 한복판에는 크고 화려한 날개를 단 두 천사가 마치 연단에 선 것처럼 우뚝 서 있습니다. 한 천사의 손에는 물 항아리가 들려 있고 다른 천사는 빵에 손을 대고 있습니다. 정교하게 표현된 그들은 화면을 좌우로 가르는 역할을 하고 있습니다. 그들을 중심으로 해서 좌측에는 부엌에 들어서는 두 명의 귀족과 한 명의 상급 수사가 보입니다. 그들은 뜻밖의 광경에 놀란 듯합니다. 그들 앞에는 단정하게 무릎을 꿇은 채 기도에 몰입한 한 수사가 보입니다. 금빛 아우리에 감싸인 그는 공중에 떠 있습니다. 후광은 보이지 않지만 무리요는 그가 경험하는 영적 희열을 그렇게 표현했을 겁니다.

화면 우측에서 우리는 예기치 않은 장면과 마주치게 됩니다. 부엌일에 열중하는 일단의 사람들이 보입니다. 어린이부터 장년에 이르기까지 다양한 연령층의 사람들입니다. 절구에 양념을 찧는 사람, 아궁이 위에 올려진 솥을 살피는 사람, 각종 채소를 다듬는 어린이들, 식탁을 정리하는 사람이 저마다의 일로 분주합니다. 그러나 그들의 분주함도 기도에 몰입하고 있는 이의 고요함을 깨뜨리지는 않습니다. 놀라운 점은 그들의 어깨에 다 날개가 돋아나 있다는 사실입니다. 천사들입니다.

무리요는 이 그림을 통해 어떤 이야기를 하고 싶었을까요? 신앙생활에 열중하면 하나님께서 모든 문제를 해결해 주신다고 말하려는 것일까요? 그런 것 같지는 않습니다. 그는 성과 속의 경계를 짓는 일이 과연 적절한지 묻는 것 같습니다. 기도하는 것은 거룩한 일이지만 밥을 짓는 일은 세속적이라고 생각하는 사람이 있다면 그는 신앙의 본질을 깊이 이해하지 못한 사람입니다. 거룩함이란 특정한 종교적 행위를 통해서만 발현되는 것이 아니라 하늘과 접속된 모든 일상적 행위를 통해 나타납니다.

⁂

광야에서 돌을 베고 잠들었던 야곱은 꿈결에 하늘에 닿는 계단 위로 천사들이 오르락내리락하는 것을 보았습니다. 잠에서 깨어난 야곱은 그곳이 하나님의 집이라는 사실을 두려움으로 깨달았습니다. 오직 그곳만 하나님의 집이라는 말이 아닙니다. 찾아오시는 하나님과 그 하나님 앞에 경외함을 품는 사람의 만남의 자리야말로 하나님의 집이 아니겠습니까?

기도와 금식, 찬양과 묵상은 경건 훈련을 위해 매우 중요한 요소입니다. 하지만 그것만으로는 부족합니다. 종교적 행위에 열중하는 이들이 때로는 그렇지 못한 이들을 무시하거나 멸시하는 경우도 있습니다. 경건 행위가 자기와 남을 가르는 기준이 될 때 거룩함은 자칫 폭력으로 변하기 쉽습니다. 일상의 삶 속에 스며들지 않은 경건은 위선이 되거나 교만이 되기 쉽습니다.

일상의 삶의 자리에 하늘 빛을 끌어들일 때, 일상은 경건의 통로가 됩니다. 청소를 하고, 밥을 짓고, 가르치고, 땀 흘려 일하고, 어울려 놀고, 사랑을 나누는 모든 행위가 거룩함과 무관한 행위가 되지 않아야 합니다. 거룩한 삶의 특색은 아낌과 귀히 여김입니다.

30년 동안이나 수도원 부엌에서 밥을 지었던 하급 수도사가 경험한 깊은 삶의 신비를 무리요는 한 화면 속에 담아냈습니다. 영화의 미장센처럼 치밀하게 배치된 이 그림은 성과 속은 공간적으로 갈리는 것이 아님을 가르치고 있습니다.

빈센트 반 고흐 성경이 있는 정물 Still Life with Bible
1885, 65.7×78.5cm, 반 고흐 박물관, 암스테르담

성스러움을 품고 있는
속됨

빈센트 반 고흐
〈성경이 있는 정물〉

네덜란드 화가인 빈센트 반 고흐(Vincent Willem van Gogh, 1853~1890)는 한국인들에게 사랑받는 화가 중 한 사람입니다. 후기 인상파를 대표하는 화가라 해도 과언이 아닙니다. 하지만 당대에는 큰 인정을 받지 못했습니다. 작품도 몇 점 팔리지 않았습니다. 그는 극심한 가난에 시달렸습니다. 동생 테오의 도움이 없었다면 고흐라는 위대한 화가의 작품이 탄생하지 못했을 수도 있습니다.

빈센트의 아버지 테오도루스(Theodorus van Gogh, 1822~1885)는 지역민들에게 존경받는 개혁파 교회 목사였습니다. 그는 수시로 병자들을 심방하고 죽어가는 사람들을 찾아가 위로했습니다. 빈센트는 헌신적이고 열정적인 아버지를 깊이 존경했습니다. 동생 테오에게 보낸 편지에서 그는 "우리 아버지 같은 사람은 바다보다 훨씬 아름답다."고 말했습니다.

그 때문인지 그도 목회자가 되려고 했습니다. 신학교에 입학할 자격을 얻으려고 벨기에의 보리나주라는 곳에서 석탄 광부들을 돌보는 전도사로 사역했습니다. 처음에는 광부들이 젊은 전도사를 외면했지만 그들의 아픔과 절망 속으로 깊이 파고드는 그에게 마음을 열었습니다. 그는 광부들보다 더 가난하게 살려고 노력했습니다. 그러나 교권주의자들은 민중들의 삶과 깊이 밀착되어 살려는 빈센트에게 목회자의 자질과 품격이 부족하다고 평가했습니다. 목회지의 권위에 손상을 입힌다고 생각했던 것입니다. 낮은 곳에 머물면서 생의 본질을 깊이 이해하고 싶었던 꿈은 그렇게 가로막혔습니다.

목회에 실패한 후 잠시 에텐의 교구에서 일하던 부모 집에 머무는 동안 빈센트는 아버지 테오도루스와 상당한 갈등에 빠졌습니다. 아버지는 밥벌이할 기회도 찾지 않고 빈곤한 삶을 택하겠다는 아들을 도무지 이해할 수 없었습니다. 빈센트도 제도 교회에 대한 부정적 감정 때문에 아버지에게 고분고분하지 않았습니다. 절망감 속에서 그에게 빛이 되어 준 것은 그림입니다. 그에게 그림은 '결코 실패할 수 없는 단 하나의 일'임을 알아차린 것입니다. 그게 1880년입니다. 그렇다고 하여 그가 기독교 신앙을 버렸다고는 할 수 없습니다. 그는 오히려 더 낮은 자리에서 복음적 가치를 살아내려 했습니다. 평범하고 일상적인 것 속에서 그는 영원의 옷자락을 포착하곤 했습니다.

∥∥∥∥∥∥∥∥

그림은 그에게 실패할 수 없는 단 하나의 일이었지만 세상의 평가는 그렇지 못했습니다. 어느 날 그는 동료 화가인 마우베(Anton Mauve, 1838~1888)와 대화 중에 모욕적인 말을 듣습니다. 단 한 점의 그림도 팔지 못한 그는 화가가 아니라는 것입니다. 전기 작가인 어빙 스톤(Irving Stone, 1903~1989)은 그 말에 빈센트가 이렇게 응답했다고 썼습니다.

"그게 화가임을 뜻하는 건가요, 그림을 판다는 게? 나는 화가란 언제나 무엇인가를 찾으면서도 끝끝내 발견하지 못하는 사람들을 뜻한다고 생각했었죠. 나는 그건 '나는 알고 있다, 나는 찾아냈다'와는 정반대되는 것이라고 생각했습니다. 내가 나는 화가이다라고 말할 때, 그건 단지 '나는 무엇인가를 찾고 있고 노력하고 있으며 심혈을 기울여 몰두하고 있다'는 의미일 따름이죠(어빙 스톤, 『빈센트, 빈센트, 빈센트 반 고흐』, 최승자 옮김, 까치, 1993, 211쪽)."

물론 이건 빈센트의 말이라기보다는 어빙 스톤이 그의 입에 넣어준 말이라 해야 할 것입니다. 그렇지만 빈센트가 삶과 그림을 대하는 태도를 잘 포착한 것임은 분명합니다.

▪▪▪▪▪▪▪▪▪

〈성경이 있는 정물〉은 1885년에 그린 그림입니다. 본격적인 화가의 길을 걷기 시작한 지 5년쯤 지난 무렵입니다. 빈센트가 이 그림을 그린 것은 아버지의 죽음에 대한 충격과 회한 때문입니다. 아버지와 아들은 그때까지 화해하지 못했습니다. 빈센트는 고루한 과거에 머물던 아버지에게 자연주의 소설가들의 소설을 소개했습니다. 성경이 전하는 핵심 메시지가 그 속에 형상화되어 있다고 생각했기 때문입니다. 그는 아버지가 변화하는 현실에 눈을 뜨기 바랐습니다. 당시 빈센트는 에밀 졸라(Emile Zola, 1840~1902), 플로베르(Gustave Flaubert, 1821~1880), 모파상(Guy de Maupassant, 1850~1893), 공쿠르(Goncourt) 형제 등 프랑스 자연주의 작가들의 글에 매료되었습니다. 그중 누구의 책을 건넸는지는 분명하지 않지만 아버지 테오도루스는 소설이 범죄를 옹호하거나 부도덕을 부추기는 것으로 여겨 아들의 권고에 따르지 않았습니다. 둘 사이의 접점이 마련되지 않은 상태에서 비극적인 순간이 다가옵니다. 1885년 3월 26일, 교인 집을 심방하고 돌아온 테오도루스가 집 현관 앞에 쓰러져 회복하지 못한 것입니다. 아버지의 죽음이 마치 자신의 잘못 때문인 것 같아 빈센트는 깊은 번민에 빠집니다.

〈성경이 있는 정물〉은 그해 10월에 그린 작품입니다. 칙칙한 갈색 탁자보가 덮인 탁자가 보입니다. 그 위에는 펼쳐진 커다란 성경책 한 권과 자그마한 소설책 한 권, 그리고 촛불이 꺼진 촛대가 놓여 있습니다. 탁자 위의 공간 배경은 짙은 검은색입니다.

두꺼운 표지의 성경과 소박한 장정의 소설이 대조적입니다. 그 소설은 수많은 손길이 스쳐 간 흔적을 고스란히 간직하고 있습니다. 모서리는 닳았고, 겉표지도 깨끗하지 않습니다. 그런데 우리는 그 소설이 에밀 졸라의 『생활의 기쁨』임을 알 수 있습니다. 빈센트가 'La Joie de vivre'라는 제목을 표지에 적어 두었기 때문입니다.

우리는 성경과 소설이 아버지의 세계와 아들의 세계를 상징함을 쉽게 눈치챌 수 있습니다. 두툼하여 묵직해 보이는 성경은 기독교적 세계관의 장중함과 무거움을 넌지시 드러냅니다. 작고 가뿐해 보이는 소설은 새로운 시대의 도래를 보여 줍니다. 펼쳐진 성경은 어둡고 칙칙한 회색과 갈색 톤으로 구성되어 있습니다. 거기에 비해 소설의 표지는 밝은 오렌지색입니다.

빈센트는 소설이 반사회적 혹은 반교권적 가치를 가르친다고 생각하지 않았습니다. 오히려 성경의 메시지가 소설 속에서 빛나게 형상화되었다고 생각했습니다. 에밀 졸라의 『생활의 기쁨』에서 주동인물인 폴린은 자기포기와 고통받는 이들에 대한 사랑의 전형입니다. 그는 다른 이들의 행복을 위해 자기의 평안함을 내려놓았습니다. 그런데도 폴린은 우울에 빠지지 않았습니다. 오히려 맑은 웃음으로 주변을 밝게 만들었습니다. 폴린의 그 밝음이 책 표지의 밝은 오렌지색으로 형상화된 것이 아닌가 싶습니다.

빈센트는 성경책으로 상징되는 아버지의 세계를 부정하려 한 것일까요? 그렇지 않습니다. 유심히 보면 성경의 펼쳐진 페이지에 잘 드러나지는 않지만 녹색과 노란색을 사용하고 있습니다. 성경의 메시지가 여전히 살아 있다는 사실을 그렇게 표현하고 싶었던 것이 아닐까요? 펼쳐진 성경은 이사야 53장입니다. 성경의 오른쪽 위에서 우리는 'ISAIE'라는 글자를 볼 수 있습니다. 프랑스어로 이사야라는 뜻입니다. 네덜란드 사람인 그가 프랑스어로 표기한 것은 판매를 염두에 두었기 때문입니다. 그 아래에 라틴어 숫자 표기인 'LIII' 자가 보입니다. '53'이라는 숫자입니다. 아시다시피 이사야 53장은 고난받는 종의 노래입니다. 빈센트는 아버지 테오도루스의 삶이 고난받는 종의 삶과 연결된다고 느꼈던 것일까요? 아니면 성경의 핵심이 거기에 있다고 말하고 싶었던 것일까요? 빈센트에게 그리스도는 '우리 죄악을 알고 계시는 위대한 슬픔의 사람'이었습니다. 멸시를 당하고, 버림을 받은 고난의 종과 '슬픔의 사람' 그리스도는 빈센트의 마음속에서 하나였을 겁니다.

이제 꺼진 촛불을 살펴보겠습니다. 꺼진 촛불은 절망 혹은 시대적 우울을 나타내는 것이라기보다는 17세기 네덜란드 바니타스(vanitas) 회화에서 자주 등장하는 메멘토 모리(memento mori), 즉 죽음을 기억하라는 메시지를 나타냅니다. 아버지의 죽음이 자기와 무관하지 않다는 회한을 그렇게 표현했습니다.

    밀물과 썰물이 교차하며 바다는 푸르게 유지되듯이 역사는 그런 변화 속에 있습니다. 전통과 현대, 무거움과 가벼움, 성스러움과 속됨이 서로를 밀어내지 않고 공존할 때 역사는 따뜻해집니다.

2부

우리는 꽃 흔들리기에

티치아노 베첼리오, **가인과 아벨** Cain and Abel
1542~1544, 298×282cm, 산타 마리아 델라 살루트 성당, 베니스

타자 부정을
넘어

티치아노 베첼리오
〈가인과 아벨〉

　에덴동산에서 쫓겨난 인간의 기본 정조는 불안입니다. 시간은 우리의 의지와 무관하게 하늘로부터 주어진 선물이지만, 의미를 구성하는 과제를 떠안은 인간에게는 무거운 짐이기도 합니다. 무리 지어 살며 본능에 따라 행동하는 동물들에 비하면 인간의 삶은 복잡하기 이를 데 없습니다. 자의식을 가진 존재로 산다는 것은 얼마나 힘겨운 일인가요?

　스스로 행위의 주체인 동시에 자기 행동의 심판관이기도 한 인간, 그는 늘 '되고 싶은 나'와 '현실의 나'의 불일치를 자각하며 삽니다. "타인은 나에게 있어 지옥"이라고 했던 사르트르(Jean-Paul Sartre, 1905~1980)의 말은 자유의 숙명을 타고났지만 언제나 경계선 속에 머물러야 하는 인간의 고단함을 상기시킵니다.

에덴동산에서 추방되면서 아담은 자기 아내 이름을 '하와'라 칭합니다. '생명 있는 모든 것의 어머니'라는 뜻입니다. 죄를 지어 더 이상 불멸이 허용되지 않았지만 생명은 잉태와 출산을 통해 이어진다는 사실을 알았기에 그는 자기 파트너를 존귀한 이름으로 불렀습니다. 그들 사이에 태어난 첫 아이가 바로 가인입니다. "주님의 도우심으로, 내가 남자 아이를 얻었다(창 4:1, 새번역)." 기쁨의 탄성에 깃든 창조 파트너로서의 자부심이 짐벙집니다. 하와는 곧이어 가인의 아우 아벨을 낳았습니다. 왜 하필이면 아벨인가요? 아벨은 히브리어로 숨 혹은 허무를 뜻하는 '헤벨'과 발음이 유사합니다. 이름 속에 이미 그의 운명이 암시된 것일까요? 우리가 그에 대해 아는 것이라고는 그가 양을 치는 목자로 살다가 들에서 형에게 맞아 죽었다는 사실뿐입니다. 그는 우리에게 순진히고 무고한 사람의 이미지로 각인되어 있습니다.

성경 이야기는 원근법이 뚜렷합니다. 존재론적 쓸쓸함에 빠져 있던 아담은 잠에서 깨어난 후 자기 앞에 있는 하와를 보며 기쁨의 노래를 불렀습니다. '뼈 중의 뼈, 살 중의 살'이라니 얼마나 가슴 떨리는 사랑 고백인가요? 낯선 존재를 향한 찬탄이야말로 인간의 본연이었습니다. 그러나 기쁨의 노래는 스러지고 타자에 대한 극단적인 부정이 나타납니다. 가인과 아벨 이야기에는 인간이 겪어온 갈등의 시간이 온축되어 있습니다.

그 갈등이 폭발한 것은 하나님의 이해할 수 없는 처사 때문이었습니다. 가인은 농부답게 자기 밭에서 거둔 것을 제물 삼아 제사를 바쳤고, 아벨은 목동답게 양을 잡아 제사를 드렸습니다. 하나님께서는 가인과 가인의 제물은 받지 않으셨고, 아벨과 아벨의 제물은 받으셨습니다. 성경은 합리적이거나 윤리적으로 설명하지 않습니다. 그냥 그러셨다고 말할 뿐입니다.

후대 사람들은 이 부조리한 현실을 설명하기 위해 아벨은 믿음으로 제물을 바쳤지만 가인은 그러지 않았다고 말하거나, 이 이후에 벌인 일을 보면 하나님께서 왜 가인의 제사를 받지 않으셨는지 알 수 있다고 말합니다. 어떤 이들은 유목민들과 정착민 사이의 갈등이 이 이야기의 배경이라고 말합니다. 다 어느 정도 일리가 있습니다. 하지만 어떤 설명도 성경이 말하는 급진성에 미치지 못합니다. 성경은 인간으로서는 온전히 이해할 수 없는 하나님의 절대 자유를 받아들일 것을 요구합니다. 인간은 자기 삶의 의미를 묻는 존재이지만 때로는 '알 수 없음' 속에서 살 수밖에 없는 존재이기도 합니다.

가인은 하나님의 이해할 수 없는 처사가 못마땅했습니다. 그러나 하나님께 앙갚음할 수는 없었습니다. 그때 그의 눈에 들어온 것은 하나님께 받아들여진 존재인 아벨이었습니다. 가인은 하나님을 향한 무용한 분노의 방향을 바꾸어 아벨을 표적으로 삼았습니다. 시기심이 확고하게 그를 사로잡은 것입니다. 시기심은 타자의 행복을 파괴하려는 욕망입니다. 그의 낯빛이 바뀐 것을 알아챈 하나님은 가인에게 죄의 종이 되지 말라고 경고하십니다. 그러나 이미 시기심의 포로가 된 그는 말씀을 귀담아듣지 않습니다. 그는 아벨을 들로 유인하여 돌로 쳐 죽였습니다. 인류 최초의 살인자가 된 것입니다. 가인은 타자를 부정하려는 인간의 뿌리 깊은 성향의 기표로 우리 가운데 있습니다.

서양 미술사의 대가들이 이 놀라운 순간을 외면할 리 없습니다. 많은 화가가 이 장면을 그림 속에 담아냈습니다. 대개는 가인이 아벨을 돌이나 몽둥이로 내리치는 순간을 형상화했습니다. 화폭에 재현된 폭력적인 순간을 바라보는 이들은 큰 충격을 받습니다. 인간에게 내재된 폭력의 역동성을 자각하기 때문이지만, 다음 순간 교양인의 얼굴을 한 자기 자신도 가끔은 폭력적 충동을 느낄 때가 있음을 자각하기 때문입니다.

어떤 화가들은 동생을 죽이고 황급히 달아나는 가인에게 나타나 준엄하게 꾸짖으시는 하나님의 모습을 그리기도 했습니다. 동생을 죽인 후 죄책감에 사로잡혀 머리를 감싸 쥐고 괴로워하는 가인의 모습에 주목한 이도 있습니다.

우리가 함께 보려는 그림은 르네상스 시대의 베네치아를 대표하는 화가 티치아노 베첼리오(Tiziano Vecellio, 1488~1576)가 그린 〈가인과 아벨〉입니다. 티치아노 하면 많은 이들이 〈참회하는 막달라 마리아〉를 떠올립니다. 1531년에 그린 그림 속 마리아는 치렁치렁한 금발 머리로 풍성한 몸매를 가린 채 하늘을 바라보고 있어 참회하는 모습이라기보다는 오히려 매혹적으로 보입니다. 그로부터 30여 년 후인

1565년에 그린 동일한 소재의 그림에서는 가슴을 옷으로 가린 채 눈에 눈물이 그렁그렁 맺힌 모습으로 마리아를 그려 참회자의 모습을 감동적으로 보여 줍니다. 이 그림에는 성경과 구도자의 상징인 해골이 함께 등장합니다.

〈가인과 아벨〉은 티치아노가 50대 중반이던 1542년경에 제작한 것으로 보입니다. 종교개혁과 농민전쟁의 격랑이 유럽 사회를 뒤흔들던 때입니다. 베네치아도 혼란에서 자유로울 수는 없었을 것입니다. 산타 마리아 델라 살루트 성당에 있는 이 그림은 일단 크기(298× 282cm)가 압도적입니다. 큰 화면에 등장하는 인물은 가인과 아벨 둘뿐입니다. 아벨은 뾰족한 바위 위에 엎드린 채 마지막 순간을 맞이합니다. 느닷없는 폭력에 경악한 그의 손은 활짝 펼쳐진 채 경직되었습니다. 형의 폭력을 막아 보려 하지만 이미 때는 늦었습니다. 그는 일어설 수가 없습니다. 양손에 곤봉을 든 가인이 왼발로 그의 옆구리를 완강하게 짓누르기 때문입니다. 첫 번째 타격으로 그의 머리에는 벌써 피가 흐릅니다. 안간힘을 나아어 형을 바라보려 하시만 부질없는 몸짓일 뿐입니다. 아벨을 바라보느라 바짝 숙인 가인의 얼굴은 잘 보이지 않습니다. 자신의 그림자에 갇힌 것처럼 어둠 속에 있습니다. 그는 하늘을 보지 않습니다. 아벨을 바라보는 시선은 심판자처럼 매

참회하는 막달라 마리아, 1531

참회하는 막달라 마리아, 1565

섭습니다. 스스로 심판자의 자리에 섰기 때문입니다.

오른쪽 아래에서 왼쪽 위로 사선을 이루며 검은 연기가 번져갑니다. 가인이 바친 제물의 연기입니다. 검은 연기는 하늘까지 가릴 기세입니다. 가인의 뒤쪽 화면 맨 오른쪽에 제단과 제물을 태우는 불꽃이 보입니다. 아벨이 바친 제물에서 솟아오른 연기는 옆으로 퍼지지 않고 곧장 올라갑니다. 티치아노는 연기의 색깔과 방향으로 가인과 아벨의 제사가 빚어낸 결과를 암시합니다. 화면을 압도하는 것은 검은 연기입니다. 그가 인식한 현실의 어둠 탓인지도 모르겠습니다. 티치아노의 시선은 아래에서 위를 향합니다. 땅 위에서 벌어진 사건의 참담함을 드러내기 위해서일 것입니다.

이런 참담한 일이 벌어지는데도 하나님의 개입은 일어나지 않습니다. 무능해서가 아니라 인간에게 자유를 선물하셨기 때문입니다. 인간은 자기 행위에 대한 책임을 스스로 져야 합니다. 이 그림에서 생명의 기미라고는 화면 왼쪽에 배치된 작은 나무 한 그루뿐입니다. 이것이 생명나무인지 선악을 알게 하는 나무인지는 분명하지 않습니다. 타자에 대한 폭력이 일상이 된 현실에서 이 그림을 본다는 것은 어떤 의미일까요? 압도적인 그림 앞에서 전율할 때, 그래서 슬그머니 곁에 있는 사람의 손을 잡을 때 평화가 시작되지 않을까요?

피터르 브뤼헐, **눈먼 자들의 비유** The Blind Leading the Blind
1568, 86×154cm, 카포디몬테 국립미술관, 나폴리

탐욕은
눈을 멀게 한다

피터르 브뤼헐
〈눈먼 자들의 비유〉

    16세기 유럽은 참 다이내믹했습니다. 르네상스와 종교개혁의 여파로 세상이 크게 출렁였습니다. 오랫동안 세상을 지배하던 하나의 권위가 무너지면서 세상은 혼돈 속으로 빠져드는 것처럼 보였습니다. 가톨릭 신앙을 지키려는 영주들과 개신교를 받아들인 영주들 사이 분쟁으로 유럽이 들끓었습니다. 개신교도 신학적 입장에 따라 크게 갈라졌고 세르베투스 처형 사건이나 재세례파 처형은 종교개혁자들이 극복하려 했던 대심문관의 부활처럼 보였습니다. 1572년 성 바돌로매 축일의 학살 사건은 신구교 간 전쟁의 서곡이었습니다. 각 종파들은 상대 진영을 악마화했습니다. 구원의 종교가 증오의 첨병이 된 셈입니다.

■■▮ ▮■▮■▮

피터르 브뤼헐(Pieter Bruegel the Elder, 1525~1569)은 16세기 플랑드르를 대표하는 네덜란드 화가입니다. 당시 네덜란드와 벨기에는 스페인의 지배를 받았습니다. 해상 무역을 통해 산업을 일으켰던 네덜란드는 자유와 관용이라는 가치를 지키려고 애썼습니다. 그래서 칼뱅주의자들을 맞아들였고 상당히 많은 사람이 개신교도가 되었습니다. 그러나 스페인의 펠리페 2세(Felipe II, 1527~1598)는 네덜란드가 개신교 지역으로 바뀌는 것을 허용할 생각이 없었습니다. 대대적인 종교 박해가 일어났고, 많은 사람이 체포되어 처형되었습니다. 박해는 독립을 향한 꿈에 불을 질렀고, 80년에 걸친 독립 전쟁(1568~1648)이 시작되었습니다. 브뤼헐은 그런 격동의 시기를 살아가며 그림을 그렸습니다.

르네상스 시대 화가들이 주로 다룬 소재는 성경과 신화의 인물이나 사건들입니다. 그러나 종교개혁은 화가들이 그런 주제에서 벗어나 인간의 현실을 담아낼 여백을 만들었습니다. 브뤼헐은 물론 종교화도 많이 그렸습니다. 일곱 가지 대죄를 알레고리 화풍으로 그리기도 했습니다. 해석의 여지가 많은 그림들입니다. 그러나 그를 대표하는 그림은 풍속화입니다. 농민 화가라는 칭호를 얻은 그는 플랑드르 지방 농민들의 삶을 그림에 많이 담아냈습니다. 그의 그림은 일종의 풍속사라 할 수 있습니다. 그가 그려낸 〈농부의 결혼식〉, 〈아이들의 놀이〉, 〈눈 속의 사냥꾼〉, 〈겨울 풍경〉 등은 오늘의 우리에게 500년 전 사람들의 일상을 손에 잡힐 듯 생생하게 보여 줍니다. 농촌의 삶에 대한 사실적이고 상세하고 따뜻한 관찰이 놀랍습니다.

〈농부의 결혼식〉에는 오랫동안 굶주렸는지 게걸스레 음식을 먹는 이들이 등장하고, 백파이프를 들고 연주를 준비하는 악사의 모습도 보입니다. 그의 눈길은 음식을 나르는 사람들의 상을 훑고 있는데 빈약함을 보며 다소 놀라는 것 같습니다. 어떤 사람은 맥주를 옮겨 담고, 바닥에 주저앉은 아이는 그릇을 손으로 훑습니다. 테이블의 한가운데 신부는 지친 표정으로 앉아 있습니다. 〈아이들의 놀이〉를 보면 저절로 미소가 떠오릅니다. 마치 몇십 년 전 우리나라의 풍경을 보는 것 같기 때문입니다. 말타기 놀이, 기마전, 팽이치기, 굴렁쇠 굴리기, 술래잡기 등 다양한 놀이가 캔버스 위에 만화경처럼 펼쳐집니다. 겨

농부의 결혼식, 1568

울 풍경이나 사냥을 소재로 한 그림들은 얼음을 지치는 사람들의 모습을 담고 있습니다. 가난하고 곤고하지만 그래도 놀이를 즐기는 농민들의 건강한 삶이 고스란히 드러납니다.

그러나 브뤼헐은 당시 시대를 낙관적으로 본 것 같지는 않습니다. 그가 그린 〈바벨탑〉은 무역항인 안트베르펜을 배경으로 합니다. 원경으로 도시 풍경이 보이고 전면에는 거대하기 이를 데 없는 탑이 서 있습니다. 탑은 마치 콜로세움처럼 보입니다. 많은 사람이 탑을 건축하는 일에 동원되고 있습니다. 그러나 왠지 그 탑은 퇴락한 것처럼 보입니다. 탑 아래에는 노동에 동원된 이들이 돌을 다듬느라 여념이 없습니다. 그는 무역을 통해 부를 축적하고 권력을 획득하려는 지도자들의 마음을 위태롭게 본 것 같습니다.

〈눈먼 사람이 눈먼 사람을 인도하면〉은 브뤼헐이 세상을 떠나기 바로 전 해인 1568년에 완성한 작품입니다. 여기에는 눈먼 사람 여섯 명이 등장합니다. 고대 그리스에서는 '눈먼 사람'을 신의 예지력을 가진 자로 여기기도 했습니다. 소포클레스(Sophocles, 기원전 496~406)가

쓴 희곡 『오이디푸스 왕』이나 『안티고네』에 등장하는 테이레시아스는 헤라 여신의 저주로 앞을 보지 못하게 되었는데, 제우스가 그를 불쌍히 여겨 역사를 통찰하는 눈을 주었다고 합니다. 서양 문학의 아버지라 할 수 있는 호메로스(Homeros, 기원전 800~700년경)도 앞을 보지 못한 것으로 알려졌습니다. 육신의 눈이 감길 때 지혜의 눈이 떠진다는 것이겠지요. 서양 회화사에서 눈먼 사람들은 대개 그리스도의 기적을 다루는 성면에서 등장합니다. 그들은 예시력을 지닌 존재니기보다는 은혜 앞에 선 사람일 뿐입니다.

그러나 브뤼헐의 그림에 등장하는 눈먼 이들은 조금 다릅니다. 브뤼헐은 눈먼 사람이 눈먼 사람을 인도하는 일이 얼마나 위험한 일인지 나타내기 위해 그들을 대각선으로 배치했습니다. 그들의 발걸음은 아래를 향하고 있습니다. 그들은 더러 지팡이를 통해 연결되고, 또 더러는 앞사람의 어깨에 손을 얹음으로 연결되어 있습니다. 눈이 멀었다는 공통점이 있지만 이들은 각기 다른 질병을 앓고 있습니다.

이미 나동그라진 첫 번째 사람의 눈은 잘 보이지 않지만, 두 번째 사람은 눈꺼풀이 없다는 사실을 알 수 있습니다. 세 번째 사람은 흰자위만 보이고, 네 번째 사람은 안구가 위축되어 있습니다. 다섯 번째 사람은 빛에 대한 공포가 있는지 모자로 눈을 가렸고, 마지막 사람도 다른 증상을 보입니다. 그들은 시지각이 없는 대신 외부 세계와 소통하기 위해 소리와 냄새에 의존하는 것으로 보입니다. 쳐들린 그들의 고개가 그것을 말해 줍니다.

저 멀리 화면의 상단에 교회가 보입니다. 십자가도 종탑도 보이지 않는 교회는 왠지 을씨년스럽습니다. 그런데 보십시오. 브뤼헐은 눈먼 사람들을 2명과 4명으로 분할해 놓고 있습니다. 바로 그 빈자리 상단에 교회를 배치하였습니다. 교회가 이미 무너지고 있다는 사실을 말하고 싶었던 것일까요?

그런 짐작이 근거 없는 억측만은 아닙니다. 자세히 보면 화면의 좌측 하단 물가에 작은 나무 한 그루가 서 있습니다. 물가에 있는데도 나뭇잎 하나 없이 앙상한 가지만 남았습니다. 사실 이 나무는 기독교의 도상에서 플루토의 나무, 곧 사망의 나무라 부릅니다. 플루토는 명부의 왕입니다. 다시 말해 죽음의 왕이라는 말입니다. 그런데 교회 앞에도 나뭇잎이 하나도 없는 나무가 보입니다. 브뤼헐은 교회가 사람들에게 희망이 되지 못하는 현실을 그렇게 표현했던 것이 아닐까요?

희망은 아예 없는 것일까요? 브뤼헐은 작은 희망을 감추어 두었습니다. 맨 앞에서 다른 이들을 인도하다가 나동그라진 사람의 손 위로 풀꽃 한 송이가 보입니다. 붓꽃입니다. 붓꽃은 구원의 희망을 상징합니다. 이 그림은 절망 속에서 희망을 보게 합니다만, 오늘 종교인들의 모습을 반성하도록 촉구하고 있습니다.

이 그림은 바른 길로 인도해야 할 사람들이 스스로 길을 잃고 있는 것은 아닌지, 영의 눈이 닫힌 것은 아닌지 묻고 있습니다. 특권을 강화하기 위해 생각이 다른 사람들을 혐오하고 배척하는 이들이 있습니다. 예수님은 '지금 본다고 말하는 사람들'의 죄를 지적하신 바 있습니다. 제대로 보기 위해서는 우리 눈을 멀게 만드는 탐욕과 결별해야 합니다.

미켈란젤로 메리시 다 카라바조, **의심하는 도마** The Incredulity of Saint Thomas
1601~1602, 107×146cm, 상수시 미술관, 독일 포츠담

의심은
더 깊은 인식으로 인도하는 통로

미켈란젤로 메리시 다 카라바조
〈의심하는 도마〉

　　미켈란젤로 메리시 다 카라바조(Michelangelo Merisi da Caravaggio, 1571~1610)는 동명의 위대한 예술가 미켈란젤로 때문에 이름보다 출신지인 카라바조로 더 알려졌습니다. 이 르네상스적 인물은 종교개혁과 반종교개혁의 물결이 유럽을 휩쓸던 때 세상을 마음대로 떠돌며 살았습니다. 미술사에서 이 사람처럼 피카레스크적인 인물은 찾아보기 어려울 것입니다. 그는 성정이 뜨거운 사람이어서 폭행 사건에 연루되기 일쑤였고, 살인까지 저질렀습니다. 현상금까지 내걸려서 도망자로 살 수밖에 없었습니다. 도망 다니면서도 화가로서의 재능을 십분 발휘하여 수도원의 보호를 받기도 했습니다.

그의 그림을 처음 접하는 사람들은 충격을 받기도 합니다. 성서의 주제를 다루면서 그가 즐겨 그린 것은 참수 장면입니다. 〈홀로페르네스의 목을 베는 유디트〉, 〈세례 요한의 참수〉, 〈다윗과 골리앗〉 등의 그림은 보는 이들을 섬뜩하게 만듭니다. 너무나 사실주의적으로 그렸기 때문입니다. 과연 그런 그림을 수도원이나 성당에 걸 수 있었을까 의구심이 들기도 합니다. 그의 그림은 어두컴컴한 배경과 환한 빛을 받고 있는 중심인물들이 극단적인 대비를 이루는 경우가 많습니다. 늘 위험 속에서 살아야 했지만 삶의 주인공이고 싶었던 그의 마음을 그렇게 표현한 것이 아닌가 생각합니다. 그가 구사한 이 화법은 이후 바로크 화가들에게 깊은 영향을 주었습니다. 렘브란트도 그중 하나입니다.

그가 이런 그림만 그린 것은 아닙니다. 그는 우리가 서양적 주체, 곧 홀로 주체의 외로움을 설명할 때 예로 들곤 하는 〈나르시스〉도 그렸습니다. 물에 비친 자기 모습을 골똘하게 바라보는 나르시스는 어쩌면 다른 이들과의 교감에 실패하고 자기 속에 유폐된 채 살던 카라바조 자신의 모습인지도 모르겠습니다.

나르시스, 1597~1599

■ ■ ■ ■ ■

오늘 우리가 함께 보려는 그림은 〈의심하는 도마〉입니다. 도마는 회의적 신앙의 대명사처럼 소비되는 인물입니다. 예수님의 열두 제자 중 하나인 그는 공관복음서에서는 이름으로만 등장하지만 요한복음에서는 캐릭터를 가진 인물로 소개됩니다. 요한복음 11장에서 그는 예수님을 신뢰하고 따르는 충직한 제자로 소개됩니다. 유대인들은 신성모독이라는 죄명을 걸어 예수를 죽이려 하니다. 가까스로 사지에서 벗어난 예수님은 나사로가 병들었다는 전갈을 받자 주저 없이 유대 땅으로 다시 가려 하십니다. 제자들은 위험하다며 말리지만 예수님의 뜻은 확고합니다. 그때 도마가 동료들에게 말합니다. "우리도 주와 함께 죽으러 가자(요 11:16)." 그는 자기 속에 이는 두려움을 떨치고 예수님과 운명을 함께할 준비가 되어 있었던 것입니다.

그가 두 번째로 등장하는 장면은 요한복음 14장입니다. 세상 떠날 날이 가까운 것을 아신 주님은 제자들에게 "내가 어디로 가는지 그 길을 너희가 아느니라." 하고 말씀하십니다. 그때 도마가 여쭙습니다. "주여 주께서 어디로 가시는지 우리가 알지 못하거늘 그 길을 어찌 알겠사옵나이까." 도마는 모르면서 침묵하기보다는 모르는 것을 모른다고 시인하고, 또 물을 줄 아는 사람입니다. 그런 의미에서 그는 배움을 향해 열린 사람이라 할 수 있습니다.

도마가 세 번째 등장하는 대목은 부활절 이후입니다. 부활하신 예수님이 다른 제자들에게 나타나셨을 때 도마는 그 자리에 있지 않았습니다. 동료들이 주님이 부활하셨다는 소식을 전하였을 때 그는 믿을 수가 없었습니다. 믿어지지 않는 현실을 어떻게 믿겠습니까? 그래서 그는 말합니다. "내가 그의 손의 못 자국을 보며 내 손가락을 그 못 자국에 넣으며 내 손을 그 옆구리에 넣어 보지 않고는 믿지 아니하겠노라(요 20:25)." 여드레가 지난 후에 주님은 제자들이 모인 곳에 홀연히 나타나시어 도마에게 당신의 상처를 만져 보라고 하시면서, 의심을 떨치고 믿음을 가지라고 권고하십니다.

카라바조는 모든 것을 검증해 본 후에야 사실로 확증하는 르네상스적 태도에 경도되어 있었습니다. 그는 〈의심하는 도마〉에서 이 극적인 장면을 아주 사실주의적으로 그렸습니다. 하지만 이 그림에서 우리는 중세기의 성화에 나타나는 성스러움이나 초월성을 발견하기 어렵습니다. 화면 한복판에는 등장인물 넷이 한 덩어리인 양 모여 있습니다. 그들의 얼굴을 비추는 빛은 그들의 심리적 긴장감을 고스란히 드러냅니다. 네 사람의 시선은 한곳을 향합니다. 예수님은 옷자락을 걷어 올린 채 옆구리를 드러내고 있습니다. 가로로 벌어진 창날의 상처가 깊습니다. 가슴은 창백해 보이고, 얼굴은 조금 피로한 기색을 띠고 있습니다. 예수님은 도마의 손목을 붙들고 상처의 절개부를 만져 보도록 이끌고 있습니다. 주님의 손등에는 못 자국이 뚜렷합니다. 이마에 깊은 주름이 잡힌 도마는 왼손을 허리에 얹은 채 오른손을 뻗어 예수님의 상처 자국에 손가락을 깊이 찔러 넣습니다. 마치 부검의처럼 예리한 눈빛으로 그 상처를 살핍니다. 도마 뒤에 서 있는 나른 두 제자 역시 주체할 수 없는 호기심을 드러냅니다. 이 그림이 충격적인 것은 그 어떤 외경심도 드러나지 않는 것 같기 때문입니다.

▪▮▪▮▪▮▪

카라바조는 이 그림을 통해 우리에게 묻습니다. "의심은 과연 불경한 것인가?" 카라바조는 그렇지 않다고 말합니다. 회의를 허용하지 않는 신앙이 얼마나 위험한지 우리는 잘 압니다. 회의를 모르는 신앙은 폭력과 손을 잡을 때가 많습니다. 자기의 옳음을 지키기 위해 다름을 용납하려 하지 않기 때문입니다. 종교든 문화든 이데올로기든 차이를 용납하지 않는 근본주의는 다 폭력적입니다. 그들은 인식론적 상황의 다양성을 인정하려 하지 않는 한편 자기들의 교설이나 생각을 보편적 구속력이 있는 것으로 여깁니다. 인간은 누구나 다 유한합니다. 누구도 진리를 전유할 수 없습니다.

의심은 더 깊은 인식의 세계로 우리를 인도하는 안내자입니다. 데카르트(René Descartes, 1596~1650)는 참으로 알기 위해서는 모든 것을 의심해 보지 않으면 안 된다고 말했습니다. 보지 않고는 믿을 수 없다는 도마의 태도가 비난받아야 할 이유는 어디에도 없습니다.

의심의 숲을 통과하지 않는 한 무언가를 깊이 이해할 수는 없습니다. 삶은 모호합니다. 빛과 어둠, 성과 속, 선과 악이 뒤엉켜 있습니다. 그렇기에 누구도 삶에 대한 분명한 해답을 갖고 있지 않습니다. 어제 옳은 것이 오늘도 옳은 것은 아닙니다. 그렇기에 우리는 늘 새롭게 물어야 합니다. 세상의 어떤 것도 당연하지 않습니다.

우리가 이 그림에서 주목해야 할 것은 도마의 손을 이끄는 주님의 손입니다. 주님은 우리를 더 깊은 인식의 세계로 인도하기 위해 기꺼이 당신의 상처를 내보이십니다. 그것은 비난이나 꾸중이 아니라 회의를 통과해야 신앙에 이를 수 있음을 긍정하는 표지입니다. 회의는 불경 혹은 불신앙의 징표가 아니라 은총의 통로일 수 있습니다.

산드로 보티첼리, **모세의 시험과 부르심** Eventos de la vida de Moisés
1481~1482, 348.5×558cm, 성 시스티나 예배당, 바티칸

불의에는 분노
약자에겐 연민

산드로 보티첼리
〈모세의 시험과 부르심〉

산드로 보티첼리(Sandro Botticelli, 1445~1510) 하면 사람들은 반사적으로 〈비너스의 탄생〉을 떠올립니다. 조가비 위에 선 10등신 미녀의 모습은 고혹적으로 보입니다. 비너스는 고대 그리스에서 즐겨 사용되던 베누스 푸디카(Venus Pudica), 즉 '정숙한 비너스' 자세를 취하고 있습니다. 비너스는 풍성한 머리카락과 손으로 여체의 은밀한 부분을 가립니다. 그러나 비너스가 취하는 콘트라포스토(contraposto) 자세, 즉 한쪽 다리에 체중을 싣고 다른 쪽 다리를 슬쩍 구부리는 자세는 몸매를 더욱 두드러지게 합니다.

비너스의 탄생, 1484~1486

그 옆에 서서 거품에서 태어나는 비너스에게 숨을 불어넣는 신은 서풍의 신인 제피로스입니다. 그를 부둥켜안고 있는 것은 미풍의 신 아우라입니다. 화면 오른쪽에서 비너스에게 옷을 건네는 이는 자연의 변화를 관장하는 신인 호라이입니다. 그가 입은 꽃무늬 옷이 화려하기 이를 데 없습니다. 오늘 우리는 보티첼리의 그림을 미학적 측면에서 보고 해석합니다. 하지만 그 시대 사람들에게는 조금 충격적으로 다가왔을지도 모르겠습니다. 성경의 인물들이 아닌 그리스 로마 신화를 소재로 한 그림이었으니 말입니다. 이 그림은 보티첼리가 살던 때가 르네상스 시대임을 가시적으로 보여 줍니다. 이 그림에 마치 흩뿌려진 것처럼 등장하는 꽃들은 새로운 시대의 개막을 축하하기 위한 것처럼 보입니다. 그의 또 다른 걸작인 '봄'(프리마베라)도 르네상스 시대의 낙관론을 드러냅니다. 인체의 율동감과 우아함이 두드러집니다.

보티첼리의 본명은 알레산드로 디 마리아노 필리페피(Alessandro di Mariano Filipepi)입니다. 보티첼리는 '작은 술통'이란 뜻인데 그가 애주가는 아니었던 것으로 알려졌습니다. 가난한 집안에서 태어난 그는 금 세공인의 작업장에서 일을 배웠다고 합니다. 그러다가 피렌체의 전성기를 열었던 시대의 거장인 프라 필리포 리피(Fra Fillippo Lippi,

1406~1469), 안드레아 델 베로키오(Andrea del Verrocchio, 1435~1488)에게 그림을 배웠습니다. 피렌체의 메디치 가문은 빼어난 재능을 보인 그를 중용했고 다양한 형식의 그림을 주문했습니다. 교황청과 좋은 관계를 유지하려 했던 메디치가는 그를 바티칸으로 보내 성 시스티나 예배당에 그림을 그리게 했습니다. 보티첼리는 예수의 시험 이야기를 소재로 한 그림의 반대편 벽면에 모세의 생애를 다룬 벽화를 그렸습니다.

───

함께 살펴보려는 그림은 그 가운데 한 점인 〈모세의 시험과 부르심〉입니다. 1482년경에 제작된 이 작품은 일단 크기가 압도적입니다. 모세의 생애 가운데 일곱 개의 에피소드를 다루니 그럴 만도 합니다. 한 화면 속에 다양한 이야기를 담는 방식은 기베르티(Lorenzo Ghiberti, 1378~1455)의 영향을 받은 것으로 알려졌습니다. 많은 이야기를 담아야 하니 그림이 클 수밖에 없습니다. 보티첼리는 세부 묘사에 탁월했는데 그것은 어린 시절에 도제로 지내면서 배웠던 금세공 기술을 회화에 접목했기 때문인 것 같습니다. 등장인물이 많기에 보티첼리는 모세에게 오렌지빛 겉옷과 초록색 망토를 입혔습니다. 화면의 상단을 가르는 무성한 나무가 수직적 중심축이 되어 사건을 분할하고, 인물들의 상하 배치를 통해 각각의 동기에 내포된 거룩함을 드러냅니다.

시간의 순서에 따라 살펴볼까요? 화면의 우측 하단을 보십시오. 격정에 사로잡힌 모세가 등장합니다. 동족인 히브리인을 괴롭히는 애굽인 감독을 넘어뜨린 채 칼로 내려치려 합니다. 옆에는 겁에 질린 채 현장을 벗어나는 사람이 보입니다. 그 화면 바로 옆에 있는 등걸만 남은 나무는 모세의 삶의 단절을 나타내기 위한 것이 아닐까요? 그 장면 바로 위로는 뒷모습을 보인 채 미디안 광야로 향하는 모세의 모습이 보입니다. 다소 구부정한 그의 모습이 쓸쓸해 보입니다. 그리고 그의 앞에 있는 가늘고 앙상한 가지는 그가 겪어야 할 고단한 미래를 암시하는 듯합니다.

하단 중앙을 차지하는 것은 모세가 미디안의 제사장인 이드로의 딸들을 돕는 장면입니다. 양 떼를 몰고 샘가로 온 그들을 목동들이 지싯거리며 괴롭히는 것을 본 모세는 참지 못하고 개입합니다. 두 팔을 벌린 채 몽둥이를 휘둘러 목동들을 몰아냅니다. 아래에는 깊은 우물에서 도르래를 이용하여 물을 길은 모세가 양들을 위해 물을 부어

주는 장면입니다. 격렬한 감정은 어느덧 가라앉았습니다. 약자에 대한 연민이 물씬 느껴지는 모습입니다. 그 앞에 선 두 여인 가운데 얼굴을 보이는 인물이 십보라일 것입니다. 보티첼리는 그 여인들의 모습을 형상화하는 데도 공을 들였습니다. 옷의 굴곡은 섬세하기 이를 데 없고, 여인들의 머리 모양과 장신구도 정교합니다. 십보라가 든 목자의 지팡이 끝은 세 갈래로 갈라져 있고, 허리께에는 싱싱해 보이는 과일이 매달려 있습니다.

■ ■ ■ ■ ■ ■ ■

가운데 상단에는 모세가 "이리로 가까이 오지 말라 네가 선 곳은 거룩한 땅이니 네 발에서 신을 벗으라(출 3:5)."는 명령에 따라 땅바닥에 주저앉아 신을 벗습니다. 신적 끌림에 사로잡힌 이의 담담함이 잘 표현된 장면입니다. 그런데 하나님은 왜 '신'을 벗으라 하셨을까요? 취약함을 드러내라는 것이었을까요? 그럴 수도 있겠네요. 신은 고대 그리스 설화에서 '정체성'을 드러내는 것으로 나타날 때가 종종 있습니다. 꿈 분석가들도 신발은 그 사람의 정체성을 나타낸다고 말합니다. 이렇게 본다면 하나님은 모세의 자기 이해를 내려놓으라고 말씀하신 것입니다. 지금까지의 경험과 판단을 내려놓고 전적으로 새로운 세계로 진입하기 위해서는 신을 벗어야 합니다.

화면의 왼쪽 위로는 떨기나무 불꽃 가운데서 자신을 드러내신 하나님이 보입니다. 하얀 수염이 난 하나님의 모습은 매우 이채롭습니다. 마치 미켈란젤로의 〈천지창조〉에서 하나님의 모습이 '제우스'의 모습으로 형상화된 것과 비슷합니다. 이게 어쩌면 시대정신이었는지 모르겠습니다. 모세는 그 앞에 부복 자세로 한쪽 무릎을 꿇고 앉아 하나님을 바라봅니다. 펼쳐 든 두 손은 하나님의 뜻을 수용하겠다는 의지를 드러냅니다.

그런데 왜 하나님은 하필이면 떨기나무 속에 임재하셨을까요? 떨기나무는 키 작은 관목입니다. 목재로 사용할 수도 없고, 뙤약볕 아래 걸어온 나그네에게 그늘 한 점 드리워지지도 못합니다. 보잘것없는 나무입니다. 어쩌면 떨기나무는 애굽이라는 제국 질서의 맨 밑바닥을 형성하던 히브리인들을 상징하는지도 모르겠습니다. 태양신의 나라임을 자랑하는 애굽, 태양신의 아들을 자처하는 바로에게 그들은 언제든 태워버릴 수 있는 하찮은 존재들이었습니다. 그러나 하나님은 바로 그런 이들을 찾아오셨습니다. 그들을 태워 재로 변하게 하지 않고 오히려 그들을 빛나는 존재로 만드셨습니다.

화면의 왼쪽 하단에는 마침내 압제의 땅을 떠나 젖과 꿀이 흐르는 땅을 향하는 탈출 공동체의 행렬이 나타납니다. 모세는 맨 앞에서 백성들을 이끌고 있습니다. 그의 뒤를 따르는 이들은 기쁨과 설렘보다 알 수 없는 미래에 대해 불안에 사로잡힌 것처럼 보입니다.

이 그림 속에 등장한 모세는 불의에 대해 분노할 줄 아는 사람인 동시에, 약자에 대한 연민을 보이는 사람입니다. 그 두 가지 자질이야말로 예속의 길을 떠나 자유로의 긴 여정을 이끌어야 하는 지도자의 가장 중요한 덕목이 아닌가 싶습니다.

틴토레토, 갈릴리 바다의 그리스도 Christ at the Sea of Galilee
1570년대, 117×168cm, 워싱턴 DC 국립미술관

넘실대는 파도
피어나는 희망

틴토레토
〈갈릴리 바다의 그리스도〉

　　옛날부터 사람들은 인생을 고해라 말했습니다. 삶의 고단함과 불확실성을 나타내기 위함이었겠지요. 바람이 잠잠한 날, 바다는 더없이 평온합니다. 어느 시인의 말대로 새우 한 마리만 뛰어올라도 수평이 무너질 것처럼 보입니다. 햇빛을 받아 일렁이는 윤슬은 우리 속에 잠든 근원을 향한 그리움을 일깨우기도 합니다. 그러나 험한 물결이 이는 바다는 무섭습니다. 파도가 심한 날 멀리서 바라보면 작은 배들이 마치 심연으로 곤두박질치는 것처럼 보이기도 합니다. 삶은 이런 날들이 갈마들며 만드는 다채로운 무늬입니다.

예기치 않은 운명의 타격이 닥쳐올 때 우리는 얼이 빠지고 술 취한 것처럼 비틀거립니다. 그동안 갈고 닦은 지혜가 무용지물로 변하기도 합니다. 그때 사람이 할 수 있는 것은 부르짖음뿐입니다. 이스라엘의 시인들도 그런 경험을 시에 담았습니다. 하나님의 개입으로 폭풍이 잠잠해지고, 물결도 잔잔해지고, 사방이 고요해질 때, 그리고 마침내 그들이 바라는 항구에 닻을 내릴 때의 기쁨(시 107:30)은 이루 말할 수 없을 것입니다.

복음서는 갈릴리 바다에서 벌어진 여러 이적 이야기를 기록합니다. 빈 그물질에 지쳤던 제자들이 예수님의 명령에 따라 깊은 곳에 그물을 내려 많은 물고기를 잡은 이야기, 배 안에서 깊이 잠들어 계시던 주님이 풍랑에 놀란 제자들의 부르짖는 소리를 듣고 일어나 바라과 풍랑을 잔잔하게 하신 이야기, 큰 파도가 일렁이는 바다 위를 사뿐히 지르밟고 걸으신 이야기가 우선 떠오릅니다. 어쩌면 갈릴리 바다는 우리 인생의 은유가 아닐까 싶습니다. 에덴 이후 시대를 살아가는 우리는 불안과 불확실성을 운명처럼 받아들이고 살 수밖에 없습니다. 숙명으로 여겨 순응하라는 말이 아닙니다. 받아들이는 동시에 그것을 통해 더 큰 세계의 문을 열어야 합니다.

예수님께서 물 위를 걸으신 이야기는 신비롭기만 합니다. 어떤 이들은 이성적으로 납득할 수 없는 일이라며 사건 자체를 허구로 받아들입니다. 또 어떤 이들은 그 이야기를 자기 삶의 경험에 비추어 든든한 진실로 받아들이기도 합니다. 16세기 이탈리아 베네치아에서 활동한 화가 틴토레토(Tintoretto, 1519~1594)의 그림 〈갈릴리 바다의 그리스도〉를 통해 이 사건의 의미를 탐색해 보면 좋겠습니다.

틴토레토는 이탈리아 르네상스 미술의 3대 거장으로 여기는 레오나르도 다빈치(Leonardo da Vinci, 1452~1519)와 라파엘로(Raffaello Sanzio, 1483~1520)가 무대에서 사라지고, 미켈란젤로(Michelangelo Buonarroti, 1475~1564)가 활발하게 작품을 만들던 시기에 태어났습니다. 틴토레토의 본명은 야코포 코민(Jacopo Comin)인데, '염색공 소년'이라는 뜻의 '틴토레토'라는 이름으로 활동했습니다. 그는 조형미 넘치는 피렌체적 미술 사조와 활기 넘치는 무역 도시 베네치아에서 발달한 색채감을 어릴 때부터 몸에 익혔습니다. 그래서인지 그림에 강력한 에너지와 활기가 넘칩니다. 이탈리아 매너리즘에서는 찾아보기 어려운 표현주의적 요소들이 감상자들의 마음을 뒤흔들기도 합니다. 베네치아

성 마르코의 기적, 1548

의 수호성인인 마가를 그린 〈성 마르코의 기적〉은 그를 화단의 중심으로 이끈 작품입니다. 〈수산나의 목욕〉 또한 인물들의 성격을 역동적으로 담아내고 있습니다. 〈아벨의 살해〉는 인간 내면에 잠재된 폭력성을 시각화하여 보는 이들을 충격에 빠뜨리기도 합니다.

〈갈릴리 바다의 그리스도〉는 복음서에 나오는 한 사건을 그린 것입니다. 수많은 사람에게 둘러싸인 주님은 먼저 제자들을 호수 건너편으로 보내신 후 무리를 헤쳐 보내셨습니다. 그리고 외딴곳으로 가서 홀로 머무셨습니다. 제자들이 탄 배는 육지에서 멀리 떨어져 풍랑에 몹시 시달리고 있었습니다. 이른 새벽에 예수님은 바다 위를 걸어서 제자들에게 가셨습니다. 놀란 제자들은 스승을 알아보지 못하고 유령으로 여깁니다. 주님은 그들에게 "안심하여라. 나다. 두려워하지 말아라."라고 말씀하셨습니다. 그때 베드로는 "주님, 주님이시면, 나더러 물 위로 걸어서, 주님께로 오라고 명령하십시오."라고 청합니다. 주님께서 "오너라!" 하시자 베드로는 물로 뛰어듭니다. 틴토레토는 바로 그 결정적 순간을 화폭에 담았습니다.

파도에 삼켜질 듯 위태로워 보이는 배 위에서 제자들은 파선을 막기 위해 사투를 벌이고 있습니다. 수수러진 돛과 한껏 휘어진 돛대는 바람이 얼마나 거센지를 보여 줍니다. 사나운 물결은 검은빛을 띠고 있어 심연의 공포를 환기합니다. 심연은 강력한 중력이 되어 모든 것을 아래로 잡아당깁니다. 일렁이는 하늘의 구름 또한 배와 제자들에게 적대적으로 보입니다. 경험 많은 뱃사람이라도 공포를 느낄 수밖에 없는 상황입니다. 땅과 바다 사이의 경계가 불분명합니다. 모든 것이 혼돈 속으로 빠져들고 있습니다.

그런데 예수님은 맨발로 그 물 위에 굳건히 서 계십니다. 마치 세상을 떠받치는 든든한 기둥처럼 보입니다. 원근법이 주는 착시가 아닙니다. 틴토레토는 예수님께서 모든 상황을 통제하고 계신 것으로 표현합니다. 왼발은 디딤발로 삼이 오른발을 앞으로 내딛기 직전입니다. 당당하게 선 그 자세는 이상적 인체 비례를 보여 줍니다. 앞으로 내민 검지는 '안심하여라. 나다, 두려워하지 말아라.'라는 메시지를 도상학적으로 표현한 것입니다. 마치 한 번의 붓질로 내리그은 섯 같은 겉옷자락의 질감과 옷 속에 감춰진 긴장된 장딴지는 제자들에게 급히 다가가시려는 예수님의 마음을 나타내는 듯합니다.

배 안에 있는 제자들은 각자의 자리에서 자기 역할을 하느라 분주합니다. 배의 고물에 앉아 배를 육지 방향으로 이끌기 위해 고투하는 제자의 머리에 후광이 드리워 있습니다. 베드로는 어떤 열정에 이끌린 듯 배 밖으로 발을 내딛고 있습니다. 신앙이란 모험이라지요? 길 없는 곳에 길을 내는 것, 아스라한 허공 위에서 한 걸음을 더 내딛는 것, 바로 그것이 신앙의 역설입니다. 베드로는 자기 경험에 의지하여 행동하지 않습니다. 한 번도 경험해 보지 못한 현실 속으로 그는 성큼 나아갑니다. 그의 시선은 그리스도를 향하고, 머리 위로는 후광이 드리워져 있습니다. 은총은 중력을 거스를 때가 많습니다.

▪▪▪▪▪▪▪

짐작하셨는지 모르겠지만 강력한 움직임 속에 있는 이 그림에도 고요함의 공간이 존재합니다. 화폭의 오른쪽에 서 있는 나무를 보십시오. 물론 그림이라는 것이 시간을 박제하는 것이기는 하지만, 나뭇잎들은 몸을 뒤채지 않고 있습니다. 마음만 먹었더라면 틴토레토가 흔들리는 나무를 그리지 못했을 리 없습니다. 그러나 그는 오히려 나무가 마치 바람과는 상관없는 것처럼 그렸습니다. 왼쪽으로 삐죽 나온 가지와 나뭇잎은 빛을 받아 마치 꽃처럼 보입니다. 어쩌면 피어나는 꽃일 수도 있겠습니다. 그것은 화가가 배치해 놓은 가냘픈 희망입니다. 세상이 아무리 소란스러워도 봄이 되면 꽃이 피어나듯이 심연이 당기는 것 같은 절망 속에서도 희망은 있게 마련이라는 것을 그는 그렇게 나타내고 싶었던 것 같습니다.

　틴토레토가 이 그림을 그린 것은 종교개혁 여파로 유럽이 들끓던 때였습니다. 베네치아에서 평생을 활동한 그가 이 그림을 그린 까닭이 무엇인까요? 혼돈 속에서도 세상의 중심이 되시는 그리스도를 바라보자는 뜻도 물론 있을 겁니다. 동시에 베드로로부터 시작된 사도적 계승의 우월성을 넌지시 드러내고 싶었던 것은 아닐까요? 그러니 의도야 어떠하든 감염병이 일상이 되어 삶의 도대가 속절없이 흔들리는 것 같은 상황에 처한 우리에게 이 그림은 시사해 주는 바가 많습니다. 태산처럼 굳건하신 그리스도께서 우리에게 다가오고 계십니다.

3부

소란한 세상에서 균형을 찾다

조반니 벨리니, 초원의 성모 Madonna of the Meadow, 1500~1505, 66.5×85.4cm, 런던 국립미술관

멈춰서야
보이는 것들

조반니 벨리니
〈초원의 성모〉

조반니 벨리니(Giovanni Bellini, 1430~1516)는 이탈리아 베네치아에서 활동한 화가입니다. 베네치아는 피렌체와 더불어 르네상스가 꽃을 피운 도시입니다. 베네치아는 동서 교류의 중심지였고 경제적으로도 아주 활발한 도시였기에 많은 예술가가 이 도시를 찾아왔습니다.

16세기 이전의 그림이나 조각은 대개 종교적인 주제 혹은 신화적인 주제를 다루었습니다. 장엄한 분위기를 내기 위해서인지 색채는 대체로 어두웠습니다. 예술가들은 도상학적 전통을 존중했고 아주 조금씩만 형태적 변화를 시도했습니다. 하지만 르네상스 시대의 들뜬 분위기 속에서 예술가들은 차츰 전통에 예속되기보다는 예술의 새로운 형식을 탐색하는 데 관심을 보이기 시작했습니다. 벨리니가 대표적 인물입니다. 그런 의미에서 그가 베네치아 화풍을 만든 사람이라고 평가하는 이들도 있습니다. 그는 종교적 주제를 다루면서도 베네치아의 풍경을 배경에 그렸습니다.

런던 국립미술관이 소장한 〈초원의 성모〉는 이러한 특질을 잘 보여 줍니다. 화면의 한복판에는 아기 예수를 안은 채 고요히 앉아 있는 성모가 피라미드 형태로 배치되어 있습니다. 흰색 머릿수건은 순결 혹은 정결을 나타내고, 적갈색 옷과 청색은 은총과 영광을 각각 나타냅니다. 성모는 고개를 갸웃한 채 두 손을 모아 기도를 올리고 있습니다. 마주한 두 손이 이룬 공간은 마치 연약한 무언가를 감싸는 것처럼 보입니다. 너무 힘주어 잡지도 않고 그렇다고 허술히 놓아버리지도 않는 미묘한 균형이 참 아름답습니다. 마치 로댕의 〈대성당〉이라는 조각을 보는 것 같습니다(225쪽 참고). 로댕은 마주 보고 있는

두 오른손이 만나 빚어낸 공간을 형상화하고는 작품 제목을 '대성당'이라 붙였습니다. 서로의 아픔을 어루만지기 위해 내민 손이야말로 교회의 본질이라는 것일까요?

성모의 무릎 위에 벌거벗은 아기 예수가 고요히 잠들어 있습니다. 마치 무게가 없는 것처럼 보입니다. 무슨 꿈이라도 꾸는지 입술이 아래로 조금 내려가 있습니다. 벌거벗은 아기는 무구함과 연약함 그 자체입니다. 신학자 폴 틸리히(Paul Tillich, 1886~1965)는 죄가 유입되기 이전의 인류 상태를 '꿈꾸는 순진무구(dreaming innocence)'라는 말로 요약한 바 있습니다. 주객분열이 일어나기 전의 상태, 곧 타자에 대한 경계도 두려움도 발생하지 않은 상태라는 말이지요. 신적 광휘에 싸이지 않은 예수는 참 사람 그 자체입니다. 세상의 어떤 소요도 그 달콤한 잠을 깨울 수 없을 것 같습니다.

그런데 이 구조가 조금 낯익지 않나요? 짐작하신 그대로입니다. 성모의 무릎 위에 누운 예수 이미지는 미켈란젤로를 통해 우리에게 잘 알려진 〈피에타〉와 도상학적으로 거의 일치합니다. 피에타는 '비탄' 혹은 '슬픔'이라는 뜻으로 십자가에서 내려진 예수를 안고 있는 성모의 슬픔을 드러냅니다. 그런데 벨리니는 똑같은 도상학적 구조를 취해 죽음이 아니라 생명을 표현합니다. 놀라운 변화입니다.

미켈란젤로, **피에타**, 1498~1500

하지만 세상이 평화롭기만 한 것은 아닙니다. 세상은 늘 죽음의 위협 아래 있습니다. 화면의 왼쪽 상단에 있는 나무를 보십시오. 잎이 다 진 앙상한 나뭇가지 위에 까마귀 한 마리가 앉아 있습니다. 까마귀의 무게로 인해 가지가 잔뜩 휘었습니다. 엘리야 이야기에서 까마귀는 피신 중이던 예언자에게 먹을 것을 물어다 주는 길조지만, 서양 미술 전통에서는 대개 불길한 새로 등장합니다. 그렇다고 하여 까마귀가 악마의 형상을 하고 있지는 않습니다. 죽음도 삶의 한 부분이기 때문일 겁니다.

죽음이 없다면 삶은 얼마나 권태로울까요? 독일 철학자 하이데거(Martin Heidegger, 1889~1976)는 인간은 죽음에 이르는 존재라 말했습니다. 인간은 죽음이라는 한계를 의식하며 자기 삶의 의미를 탐색하는 존재라는 말입니다. 죽음은 멀리 있지 않습니다. 저 나뭇가지 끝에 있을 뿐입니다.

―――

시간 속을 바장이며 사는 인간은 끊임없이 삶의 의미를 물으며 자기 삶을 형성해야 합니다. 시간의 다른 밑은 불안입니다. 시간은 변화를 내포하기 때문입니다. 사람은 누구나 삶과 죽음, 빛과 어둠, 희망과 절망, 기쁨과 슬픔, 의미와 무의미 사이에서 흔들립니다. 벨리니는 그러한 진실을 화면 속에 숨겨 두었습니다.

까마귀가 앉아 있는 나무 아래쪽으로 시선을 돌려보십시오. 백로 한 마리가 날개를 펼친 채 잔뜩 긴장한 모습을 보여 줍니다. 잘 살펴보면 그 앞에 뱀 한 마리가 고개를 쳐들고 있습니다. 뱀은 설명하지 않아도 잘 아시겠지요? 맞습니다. 뱀은 유혹자입니다. 에덴동산에서 아담과 하와를 유혹했던 뱀이 은근한 유혹자였다면 여기서는 매우 위협적으로 보이는군요. 산다는 것은 보이지 않는 전선에서 싸우는 과정인지도 모르겠습니다. 그런 싸움에 벌써 지친 것일까요? 엎드려 있는 소 앞에 어떤 사내가 망연한 표정으로 앉아 있습니다. 술에 취한 것처럼 보이기도 합니다. 삶은 참 곤고합니다.

그런데 성모의 오른쪽 공간은 건강한 삶의 표징들을 보여 줍니다. 푸른 하늘을 배경으로 흰 구름이 무심히 떠갑니다. 저 멀리 산도 보이고, 베네치아 근교의 작은 도시도 보입니다. 성곽에 눌린 도시는 깨끗합니다. 황폐의 흔적이 보이지 않습니다. 성 밖의 들판에는 흰 옷을 입은 여인이 서 있습니다. 손에 작대기를 든 채 소와 나귀를 돌보고 있군요. 평온한 일상입니다.

그러나 그곳에서의 삶이 쉽지만은 않을 것 같습니다. 대지는 척박하기 이를 데 없습니다. 하나님은 유혹에 넘어가 선악과를 따먹은 아담에게 "흙으로 돌아갈 때까지 얼굴에 땀을 흘려야 먹을 것을 먹으리니(창 3:19)"라고 말씀하셨습니다. 하지만 여인이 입고 있는 흰 옷은 노동이 저주가 아니라는 사실을 증언합니다. 힘겹기는 해도 일상의 자리야말로 거룩과 만나는 자리입니다.

분주함이 신분의 상징처럼 된 세상에서 우리는 뒤처지지 않으려 질주합니다. 호흡은 가빠오고, 시야는 좁아집니다. 시간의 향기를 느낄 여유를 누리지 못할 때 내면의 황폐가 시작됩니다. 프랑스 철학자 피에르 쌍소(Poerre Sansot, 1928~2005)는 『느리게 산다는 것의 의미』라는 책에서 건강한 사람의 모습을 이렇게 그립니다. "시대의 흐름에서 약간 뒤로 물러나 살 수 있는 사람. 즐겨 침묵을 택할 수 있는 사람. 지식이나 경험을 쌓기 위해 애쓸 때나, 시대의 격랑 속에서 힘든 전투를 벌이고 있을 때조차도 즐겨 명상에 잠길 수 있는 그런 사람."

벨리니의 이 그림은 고요함 속으로 우리를 초대합니다. 눈을 감은 채 기도를 올리고 있는 성모, 진정한 안식이 무엇인지 보여 주는 것 같은 아기 예수. 두 분의 모습을 보노라면 우리 속에서 일렁이던 거친 감정들이 잦아들고, 어깨를 짓누르던 삶의 무게가 가벼워집니다.

세상에는 멈춰서야 보이는 것들이 있습니다. 성마른 이들의 눈에는 보이지 않는 것들, 성공의 사다리를 오르기 위해 위만 바라보는 이들은 절대로 볼 수 없는 것들 말입니다. 숭고하고 아름다운 세상에 접속할 때 사람은 일상이 진흙 수에서 한 송이 꽃을 피워낼 수 있습니다.

프라 안젤리코, **조롱당하는 그리스도** The Mocking of Christ
1441, 187×151cm, 산 마르코 수도원, 피렌체

세상의 소란에
흔들리지 않으려면

프라 안젤리코
〈조롱당하는 그리스도〉

귀도 디 피에트로(Guido di Pietro, 1395~1455)는 프라 안젤리코(Fra Angelico)라는 예명으로 더 잘 알려진 화가입니다. 그는 이십 대 초반에 도미니크 수도회에 들어가 일평생 수사로 살면서 많은 명작을 남겼습니다. 그는 성품이 좋은 수사였던 것 같습니다. 사람들은 그를 '프라 안젤리코'라고 불렀습니다. 프라는 '수도사'를 뜻하고, 안젤리코는 '천사 같은'이라는 뜻입니다.

〈수태고지〉는 그의 대표작이라 할 수 있습니다. 가브리엘 천사가 신골 마을에 살던 마리아를 찾아와 하느님의 메시지를 전하는 성성

수태고지, 1426

적 순간을 인상 깊게 표현했습니다. 조심스럽게 메시지를 전하는 천사와 경외하는 마음으로 메시지를 듣는 마리아의 모습이 매우 역동적이면서도 고요합니다. 일상과 비일상, 안과 밖, 성과 속의 경계가 어느 순간 무너지고 두 세계가 만납니다. 화면의 좌측에는 에덴동산에서 쫓겨나는 아담과 하와의 모습이 보입니다. 그들은 옛 세계를 상징합니다. 수태고지는 새로운 세계가 열림을 암시합니다. 천사의 두 날개는 안과 밖의 두 공간에 걸쳐 있습니다. 두 경계를 이어주는 것은 좌측 상단에 나타난 하나님의 손으로부터 발현된 광선입니다.

―

우리가 감상하려는 작품은 프라 안젤리코가 피렌체에 있는 산 마르코 수도원의 수사들 방에 그린 그림으로 제목은 '조롱당하는 그리스도'입니다. 프라 안젤리코는 작은 공간에 예수님의 수난 내러티브를 가급적 많이 담고 싶었던 것 같습니다. 고심 끝에 그는 특정한 상황을 재현해 보여 주기보다는 일련의 도상학적 상징들을 활용하기로 작정했습니다.

연단 위에는 예수가 진홍색 의자 위에 앉아 있습니다. 그것은 마치 그리스도의 보혈을 암시하는 것처럼 보입니다. 새하얀 튜닉과 겉옷을 입은 그리스도의 눈은 가려졌고, 머리에는 가시관이 씌워졌지만 그렇게 도드라져 보이지는 않습니다. 오히려 후광이 사람들의 눈길을 끕니다. 그리스도가 입은 새하얀 튜닉은 바닥의 흰 석판과 조응하여 주님의 영광을 은연중에 드러냅니다.

예수가 앉아 계신 뒤편 벽은 베이지 톤인데, 그 가운데 에메랄드 빛 대리석이 마치 포인트 벽지처럼 우뚝 서 있습니다. 얼핏 보면 영화 스크린처럼 보입니다. 그리고 거기에는 마치 초현실주의 그림을 보는 것 같은 장면들이 배치되었습니다. 프라 안젤리코는 가야바의 집과 빌라도의 법정에서 주님이 당하신 모욕과 수치의 순간들을 한 화면에 담아냈습니다. 모자를 쓴 군인 한 사람이 예수께 침을 뱉습니다. 마태는 빌라도의 군인들이 어떻게 예수님을 희롱했는지 상세하게 전해 줍니다. "가시관을 엮어 그 머리에 씌우고 갈대를 그 오른손에 들리고 그 앞에서 무릎을 꿇고 희롱하여 이르되 유대인의 왕이여 평안할지어다 하며 그에게 침 뱉고 갈대를 빼앗아 그의 머리를 치더라(마 27:29~30)." 그들이 조롱한 것은 예수만이 아니라 그를 기어코 죽이려 공모한 유대인들이라는 사실을 사람들은 알았을까요?

침을 뱉는 이의 모습을 제외하고는 예수를 조롱하는 이들의 모습이 구체적으로 드러나지 않고 다만 손만 등장합니다. 예수의 뺨을 치는 손, 갈대로 예수의 머리를 치는 손, 으쓱하며 조롱하는 손입니다. 수사학적으로 말하면 일종의 제유법(提喻法, 같은 종류의 사물 중에서 어느 한 부분을 들어 전체를 나타내는 방법)입니다. 대제사장의 집에서 예수를 지키는 이들은 예수의 눈을 가린 후 그의 머리를 때리면서 이렇게 말합니다. "선지자 노릇 하라 너를 친 자가 누구냐(눅 22:64)." 사람의 사람됨은 타자의 고통에 공감하는 데 있건만, 지배와 피지배, 가해와 피해가 극명하게 갈리는 순간 사람들은 강자와 자기를 합일화하여 안전을 확보하려는 경우가 많습니다. 폭력을 폭력으로 갚을 의사도 능력도 없는 사람을 마음껏 조롱하는 것처럼 비인간적인 일이 또 있을까요?

그러나 여기서 한 가지 생각해 볼 것이 있습니다. 프라 안젤리코가 마음만 먹었더라면 예수를 조롱하고 폭력을 행사하는 이들의 모습을 그릴 수 있었습니다. 그러나 그는 그들의 모습을 굳이 재현하려 하지 않았습니다. 왜 그랬을까요? 누구도 정답을 말할 수는 없습니다. 다만 유추해 볼 뿐입니다.

독일 출신 정치철학자 한나 아렌트(Hannah Arendt, 1906~1975)는 『예루살렘의 아이히만』이라는 책에서 '악의 평범성'이라는 용어를 사용했습니다. 나치의 유대인 학살에 상당한 역할을 감당했던 아이히만이 전범 재판에 회부되었을 때의 모습을 보고 아렌트는 상당한 충격을 받았습니다. 사람들은 그런 범죄자에게서 악인의 전형을 보려 합니다. 하지만 아이히만은 평범하면서 성실한 사람이었습니다. 그는 크게 죄책감을 느끼지도 않는 것처럼 보였습니다. 그는 자기에게 맡겨진 일을 성실하게 수행하는 제국의 기계일 뿐이었습니다. 자기 행위를 성찰하지 않는 무사유(無思惟)야말로 아이히만의 문제였습니다. 악인과 선인이 존재론적으로 갈리는 것이 아닙니다. 특정한 상황 속에서는 누구라도 악인이 될 수 있고, 선인이 될 수 있습니다.

프라 안젤리코의 그림에 등장하는 '손들'을 통해 우리는 바로 그런 암시를 읽습니다. 예수를 조롱하고 때리는 저 손은 '나'의 손일 수도 있고, 내 '이웃'의 손일 수도 있습니다. 악인을 투사하고 나면 우리는 마치 선인인 것처럼 착각할 수 있습니다. 수도자였던 프라 안젤리코는 바로 그런 것을 경계하기 위해 이런 도상학적 표현을 선택했는지도 모르겠습니다.

이제 우리가 주목해야 할 것은 무차별적인 폭력과 조롱이 가해지는 현실에서도 전혀 흔들리지 않는 예수님의 모습입니다. 주님은 너무 평온해 보입니다. 세상의 어떤 폭력도 주님의 고요함을 뒤흔들 수 없는 것 같습니다. 시인 김달진(1907~1989)은 일찍이 십자가 사건을 두고 이런 말을 했습니다. "십자가 위의 예수의 사형! 이때처럼 인간의 잔학성을 보인 일은 아직 인류의 역사에 없었으리라. 그러나 이때처럼 인간의 깊은 사랑과 신뢰를 세상에 보인 일은 역사의 어느 곳에도 보이지 않으리라(『산거일기』(山居日記) 중에서)." 예수의 오른손에 들린 갈대는 군인들이 조롱하기 위해 쥐어 준 것이지만 왕홀처럼 보이는 것은 그 위엄 때문입니다. 왼손에 들린 커다란 구슬은 하나님으로부터 위임된 세상입니다. 수난에도 불구하고 예수는 신적인 위엄을 잃지 않고 세상의 구원자로 고요히 좌정하여 계십니다.

연단 아래에 있는 두 인물은 성모 마리아와 성 도미니쿠스입니다. 두 분의 시선은 예수를 향하고 있지 않습니다. 깊이를 알 수 없는 어떤 세계를 바라볼 뿐입니다. 손으로 턱을 괴고 있는 모습은 전형적인 명상의 자세입니다. 세상의 소란 속에서도 흔들리지 않는 중심에 이르기 위해 정진하는 모습이 참 아름답습니다.

물론 소란한 세상 현실을 외면한 채 관상에만 잠기는 것이 좋은 영성이라고 말할 수는 없습니다. 이유 없이 폭력에 노출되고 조롱받이가 된 사람들 편에 서는 일이야말로 진정한 영성이라 해야 할 것입니다. 그러나 그럴 수 있으려면 스스로 흔들리지 않는 기둥 하나가 우리 마음속에 우뚝 서야 합니다. 프라 안젤리코는 조급증에 시달리는 우리에게 잠시 침묵할 것을 제안하고 있습니다. 모든 질문이 침묵으로 끝나면 안 됩니다.

요하네스 페르메이르, **저울을 든 여인** Woman Holding a Balance
1662~1663, 40×36cm, 워싱턴 DC 국립미술관

고요함으로의
초대

요하네스 페르메이르
〈저울을 든 여인〉

　　세상이 소란스러워서일 것입니다. 고요함에 대한 갈망이 깊어갑니다. 귀 기울여 듣지 않아도 들려오는 소리들이 마음을 어지럽힙니다. 습관처럼 들여다보는 SNS만 차단해도 한결 나으련만, 휴대전화를 손에서 내려놓기 어렵습니다. 악다구니, 설익은 주장, 편 가르기, 저주, 혐오, 냉소가 넘치는 세상에서 우리 마음은 흔들립니다. 회오리바람이 세상 온갖 쓰레기들을 휘저어놓는 것처럼, 반지성적이고 몰상식한 바람이 세상을 들끓게 합니다. 소사스러운 이들의 목소리가 높아질수록 큰 정신의 목소리는 잦아듭니다. 물레에 찔린 동화 속

공주가 100년 동안 잠에 빠지자, 성 전체가 잠에 빠지고, 쥐를 잡으려던 고양이도 그 동작 그대로 멈춰버립니다. 심지어 아궁이의 불까지 타던 모습 그대로 멈추었습니다. 그 정지된 시간 속에 잠시 머물고 싶습니다.

활동적 삶(viat activa)이 미덕으로 여겨지는 세상입니다. 모든 것을 향해 손을 내밀고, 장애물을 극복하고, 자연을 닦달하여 성과를 거두는 것이 당연해 보입니다. 그러나 끊임없는 분주함이 피로를 낳습니다. 몸의 피로, 정신의 피로. 피로에 지치면 주의력이 분산되고, 이웃들을 위한 여백이 사라집니다. 현대인들은 관조적 삶(vita contemplativa)을 낯설게 여깁니다. 속도를 늦추는 순간 생생사가 나를 잊을지도 모른다는 조바심이 우리를 붙잡고 놓아 주지 않습니다. 그러나 잠시 멈춰서는 경험이 없다면 어떻게 '변하지 않는 것', 곧 '영원'의 옷자락을 볼 수 있을까요?

세상의 소란에 적응하지 못한 채 마음의 정처를 찾지 못해 바장일 때면 17세기 네덜란드 화가인 요하네스 페르메이르(Johannes Vermeer,

1632~1675)가 떠오릅니다. 유럽이 종교개혁과 반종교개혁의 대결로 소란할 때, 네덜란드는 대서양을 지배하는 주도적 해상국가로 발돋움하고 있었습니다. 조선업과 해운업이 발달하면서 교역이 활발해지자 은행업 또한 호황을 맞이했습니다. 다양한 사람들이 모여들면서 문화가 뒤섞이고 종교적 관용이 자리 잡았습니다.

그런 분위기에서 자유로운 시민사회가 형성되었고 화가들의 활동 공간도 변화되었습니다. 과거에는 교회나 수도원, 전통적인 귀족 가문이 그림의 주문처인 경우가 많았습니다. 그러나 돈을 축적한 시민들이 자기 집의 품격을 높여 줄 그림을 주문하면서 상황은 완전히 바뀌었습니다. 17세기 네덜란드에서 풍경화나 정물화가 발달하고, 평범한 사람들의 일상이 그림 소재로 등장한 것은 시민사회의 형성과 긴밀하게 연결되어 있습니다.

페르메이르는 그런 시기에 활동한 화가입니다. 그가 남긴 그림은 30여 점에 불과합니다. 당대에는 높은 평가를 받지 못했고, 인상파 화가들에 의해 뒤늦게 재평가를 받았습니다. 그는 슬하에 11남매를 두었습니다. 화가 조합인 루카스 길드에 등록하여 활동한 것은 기기 속해야만 그림을 팔 수 있었기 때문입니다. 가난했던 페르메이르의 집은 자녀들이 이루는 소음이 그칠 새가 없었을 것입니다. 그런데 시민들이 누리는 일상적 삶의 한순간을 포착한 그의 그림은 적연부동(寂然不動)의 한 경지를 보여 줍니다. 마치 바흐의 '푸가'를 듣는 듯합니다. 기묘한 체험입니다.

그는 여인들의 모습을 많이 그렸습니다. 그림 속에서 여인들은 편지를 읽거나, 창밖을 내다보거나, 우유를 따르거나, 자수를 놓거나, 물 주전자를 들고 있습니다. 그야말로 범용한 일상입니다. 그림에 등장하는 집들은 소박하지만 남루해 보이지는 않습니다. 그가 즐겨 사용하는 노란색과 푸른색이 만들어내는 밝은 느낌 때문입니다. 열린 창문 또한 그가 즐겨 그린 소재입니다. 창을 통해 들어오는 밝은 빛과 색채가 어우러져 그 공간 안에서 벌어지는 일들의 본질을 드러냅니다. 페르메이르의 그림에 등장하는 소품들은 여러 나라에서 수입한 물건들입니다. 당시 네덜란드는 세계삼았던 활기가 고스란히 담겨 있습니다.

작품에 등장하는 인물들은 고요합니다. 격정적인 모습이나 감정적 동요를 찾아보기 어렵습니다. 그들은 자기 일에 몰두하고 있습니다. 마치 세상에서 그 일이 가장 중요한 일인 것처럼 보입니다. 신학자들이 말하는 '영원한 현재'란 그런 순간인지도 모르겠습니다.

페르메이르의 이름을 대중에게 알린 것은 역설적으로 그의 그림

진주 귀걸이를 한 소녀, 1665

을 소재로 한 영화 〈진주 귀걸이를 한 소녀〉입니다. 작품 속 소녀는 물끄러미 관람자들을 바라보는 것 같습니다. 그러나 똑바로 바라보는 것은 아니어서 그 시선을 따라가다 보면 우리는 어딘가 신비로운 세상에 당도할 것 같은 느낌을 받습니다.

〈저울을 든 여인〉은 페르메이르의 작품에 등장하는 여느 인물들처럼 자기 일에 몰두하고 있습니다. 화면 왼쪽 상단의 자그마한 창문을 통해 빛이 비쳐듭니다. 그 빛을 의지하여 천칭으로 무게를 달고 있는 여인의 표정은 평온합니다. 탁자 위에 어지럽게 놓인 진주들이 영롱합니다. 흰색 모피를 넛댄 푸른색 상의를 입은 여인은 흰 두건을 쓰고 있습니다. 맑고 깨끗해 보입니다. 여인의 배가 불룩한 것을 보면 임신 중임을 알 수 있습니다. 배 부분의 붉은색은 새로운 생명을 잉태한 이의 행복을 보여 주는 것 같습니다. 여인은 오른손 세 손가락을 이용하여 천칭의 균형을 맞추려고 집중하고 있습니다. 왼손은 몸의 흔들림을 방지하기 위함인 듯 탁자 위에 가만히 놓았습니다. 천칭은 어느 한쪽으로도 기울지 않는 완벽한 평형상태를 보여 줍니다.

페르메이르는 그림의 좌우 대각선이 교차하는 지점에 천칭의 평형점을 두었습니다. 그림이 평온하게 보이는 것은 좌에서 우로 그은 대각선의 왼쪽은 적당히 어둡고 오른쪽은 밝기 때문입니다. 그 화려하고 아름다운 진주를 보면서도 여인은 흥분감을 내비치지 않습니다.

이 그림에서 주목해야 할 것은 그림의 배경이 되는 액자입니다. 액자 속에 담긴 그림은 특정하기는 어렵지만 16세기 후반 플랑드르 화가가 그린 '최후의 심판' 장면처럼 보입니다. 위아래로 분할된 화면의 위쪽에는 진노하신 그리스도가 손을 높이 들고 서 계십니다. 좌우편에는 성모와 성인들이 놀란 듯 그리스도를 바라보고 있습니다. 화면 아래 장면은 저울을 든 여인을 중심으로 좌우로 갈립니다. 왼쪽은 복 받은 이들이 하늘로 들려 올라가는 모습입니다. 오른쪽 사람들은 저주받은 이들입니다. 여인의 머리에 가려진 곳에는 아마도 미가엘 천사가 사람들의 영혼의 무게를 달고 있었을 것입니다.

흥미로운 것은 여인이 미가엘의 역할을 수행하는 것처럼 보인다는 사실입니다. 페르메이르가 들려주고 싶은 이야기는 무엇일까요? 우리를 심판하는 것은 절대적 타자인 하나님이나 대천사가 아니라 우리 자신일 수도 있다는 사실이 아닐까요? 어찌 보면 이 여인은 액자 속에 속한 듯 보이기도 합니다.

세상은 온통 화려한 것들로 우리 마음을 훔치려 합니다. 거룩함과 속됨, 빛과 어둠, 영원과 시간, 형식과 내용, 멈춤과 움직임, 이타심과 이기심, 사랑과 미움 사이에서 균형을 이루며 살아야 하는 것이 인생의 과제입니다. 가끔은 흔들리지만 흔들리면서도 기어이 중심을 잃지 않으려면 위로부터의 도움이 필요합니다.

박해를 피해 호렙산으로 도피했던 엘리야는 지진, 불, 바람 속에서 하나님을 만나지 못했습니다. 두려움과 실망으로 곱게 길이 없이 져 마음이 고요해졌을 때, 하나님의 음성이 들려왔습니다. '나'로 들끓을 때 하나님의 음성을 들을 수 없습니다. 세월이 시끄러울수록 마음의 균형을 이루며 고요한 속으로 들어가야 합니다, 페르메이르는 그 세계로 우리를 안내합니다.

조르주 루오, **어머니들이 미워하는 전쟁** Bella matribus detestata, Miserere-Planche 42
1927, 에칭, 58.6×44.2cm

하나님의 은총이
세상을 지킨다

조르주 루오
〈어머니들이 미워하는 전쟁〉

파리 코뮌 이후의 혼란스러운 시기에 태어난 조르주 루오(Georges Rouault, 1871~1958)는 어린 시절 파리 교외의 지하실에서 살았습니다. 그곳에서 가난한 이들의 신산스런 삶을 직간접적으로 경험했고 그 경험은 일생토록 삶에 큰 영향을 끼쳤습니다. 그는 어려운 이웃들을 따뜻한 시선으로 보듬었습니다. 가구 세공사였던 아버지에게 평범한 사물이나 일상적인 일도 예배드리는 마음으로 대해야 함을 배웠습니다.

미술에 재능을 보인 그는 미술학교에 다니면서 스테인드글라스

직공이었던 할아버지 히르슈의 도제로 들어가 일을 배웠습니다. 그의 그림이나 판화에 검은 테두리가 자주 등장하는 것은 스테인드글라스적 기법을 채용한 것입니다.

스무 살 되던 해에는 에콜 데 보자르에 입학해서 신화적인 모티프의 그림을 많이 그리던 귀스타브 모로(Gustave Moreau, 1826~1898)에게 사사했습니다. 루오는 모로에게 예술에 대한 사랑과 아울러 내면의 통찰력을 가지고 사물을 보아야 한다는 사실을 배웠습니다.

―――

그의 젊은 시절은 인간에 대한 낙관론이 팽배했지만 삶의 공포와 실존의 가혹함 또한 증대되던 시기였습니다. 종교적 감성이 예민했던 루오는 인간의 아픔을 보듬지 못하는 시대의 제도화된 종교에 상당히 실망했습니다. 그러던 어느 날 그는 놀라운 영적 체험을 합니다.

"서른 살이 다 되었을 때, 어떤 입장을 취하느냐에 따라 다르겠지만, 섬광 혹은 은총의 빛줄기가 나에게 내렸다. 내 눈에 세상이 완전히 달리 보였다. 그전에 내가 보았던 것들을 이제 다른 형태와 조화

로움으로 보게 되었다(발터 니그, 『조르주 루오』, 윤선아 옮김, 분도출판사, 56쪽에서 재인용)."

그것은 '빛 체험'이었습니다. 그 빛은 그의 어두운 내면을 밝혔고, 이후에 다시는 꺼지지 않았습니다. 그 빛은 세상의 온갖 부정성 너머의 세계를 보도록 그의 눈을 밝혀 주었습니다.

원로 조각가인 최종태 선생 또한 그러한 빛을 체험했다고 증언합니다. 그것은 조용하고 따뜻하지만 압도적인 경험이었습니다. 빛 속에 있을 때 그는 시간을 넘어서는 체험을 했습니다. "모든 것은 사랑의 빛 안에서 도무지 구별이 없었습니다. 모든 것은 무시간(無時間) 속에서 일체였습니다. 그것은 생명이고 사랑 자체였습니다. 나는 분명히 있었습니다. 나는 빛 안에 있었습니다. 이상한 것은 분명히 있는 내가 따로 존재하는 것이 아니고 전체 그 자체 안에 있는 것이었습니다(최종태, 『나의 미술, 아름다움을 향한 사색』, 열화당, 1998, 49쪽)." '나'의 존재가 소거되는 것이 아니면서도 전체 그 자체 안에 있다는 느낌이 그를 안식의 세계로 이끌었습니다.

빛 체험 덕분일까요? 조르주 루오는 인간 실존의 슬프고 가혹한 모습을 무수히 보았지만 덧없는 비관주의에 빠지지 않았습니다. 멸시받고 모욕당하는 이들 편에 서서 세상을 바라보았습니다. 사람들에게서 존엄성을 박탈당하는 현실에 분노하면서도, 그들에 대한 사랑을 거두지 않았습니다. 그는 창부들의 모습 속에서도 거룩함을 보았습니다.

쉰여넓 섬으로 구성된 판화집 '미제레레(Miserere, '불쌍히 여기소서'라는 뜻의 라틴어)'는 제1차 세계대전을 겪은 그가 인류에게 보낸 일종의 메시지입니다. 첫 번째 작품 제목은 〈하나님, 자비가 크시오니 나를 긍휼히 여기소서〉이고, 마지막 작품의 제목은 〈그의 상처로 우리는 나았다〉입니다. 기원과 고백입니다. 그 사이에 있는 작품들은 세상의 모든 아픔을 짊어지고 수난당하시는 예수의 모습과 더불어 사람들을 주변화하고 수단으로 삼는 악마적인 세상 현실을 다룹니다. 전쟁의 참상을 겪은 이들의 고단한 삶은 물론이고 다른 이들을 수단으로 삼는 사람들의 잔인하고 무감각한 모습이 투박하게 표현되었습니다. 그렇다고 하여 절망의 어둠만 있는 것이 아닙니다. 메마른 땅에 희망의 씨를 뿌리는 사람들도 있기 때문입니다.

〈어머니들이 미워하는 전쟁〉은 '미제레레'에 실린 작품 중 마흔두 번째 작품입니다. 제목을 보지 않으면 도무지 이 작품이 전쟁과 연관된다는 생각을 할 수 없습니다.

어머니의 무릎 위에 한 아이가 앉아 있습니다. 일반적인 모습은 아닙니다. 아이는 엄마의 무릎이 마치 기도단인 것처럼 그 위에 무릎을 꿇고 있습니다. 그런 짐작을 가능하게 하는 것은 가슴 앞에 들린 두 손이 마치 기도하는 것처럼 보이기 때문입니다. 고개를 숙인 어머니는 지그시 눈을 감았습니다. 그의 손은 아이의 허리께에 머물고 있습니다. 어머니와 아이가 만든 공간은 원을 닮았습니다. 두루 원만한 공간, 온전한 사랑의 샘입니다. 어둠 속에 있는 어머니와는 달리 아이의 몸에는 환한 빛이 드리워 있습니다. 마치 아이 속에 있는 어둠을 어머니가 다 빨아들인 것처럼 보이기도 합니다. 두 존재를 연결하는 어머니의 손만은 환합니다.

이 작품의 제목이 〈어머니들이 미워하는 전쟁〉이라는 사실을 다시 한번 떠올려보십시오. 전쟁은 죽음과 공포를 자아냅니다. 모든 것을 파괴합니다. 전쟁은 생명의 부정이고 사랑의 단절입니다. 신학자 C. S. 송은 어머니를 가리켜 '하나님의 공동 창조자(co-creator of God)'라 했습니다. 어머니에게 전쟁은 어떤 명분을 내세우더라도 악입니다. 사랑하는 자식을 앗아갈 수 있기 때문입니다. 예레미야는 이스라엘 민족이 겪어야 할 슬픔을 라헬의 울음에 빗대 설명했습니다. "나 주가 말한다. 라마에서 슬픈 소리가 들린다. 비통하게 울부짖는 소리가 들린다. 라헬이 자식을 잃고 울고 있다. 자식들이 없어졌으니, 위로를 받기조차 거절하는구나(렘 31:15)."

전쟁의 악마성을 누구보다 예리하게 간파한 루오이지만 이 작품은 매우 절제되어 있습니다. 격렬한 슬픔이나 분노가 바깥으로 드러나지 않습니다.

거의 비슷한 시기를 살았던 독일의 판화가 케테 콜비츠(Käthe Schmidt Kollwitz, 1867-1945)의 작품에는 작가의 파토스가 고스란히 드러납니다. 케테 콜비츠의 〈씨앗을 짓이겨서는 안 된다〉는 작품은 놀란 세 아이를 품에 안고 있는 어머니를 보여 줍니다. 어머니의 두 팔이 마치 둥지처럼 보이기도 하고, 십자가의 횡대처럼 보이기도 합니다. 바깥 어둠을 응시하는 어머니의 눈빛은 어떤 경우에도 아이들을 지켜내겠다는 결연한 의지를 담고 있습니다. 비장함과 슬픔이 보는 이들의 마음을 뒤흔듭니다.

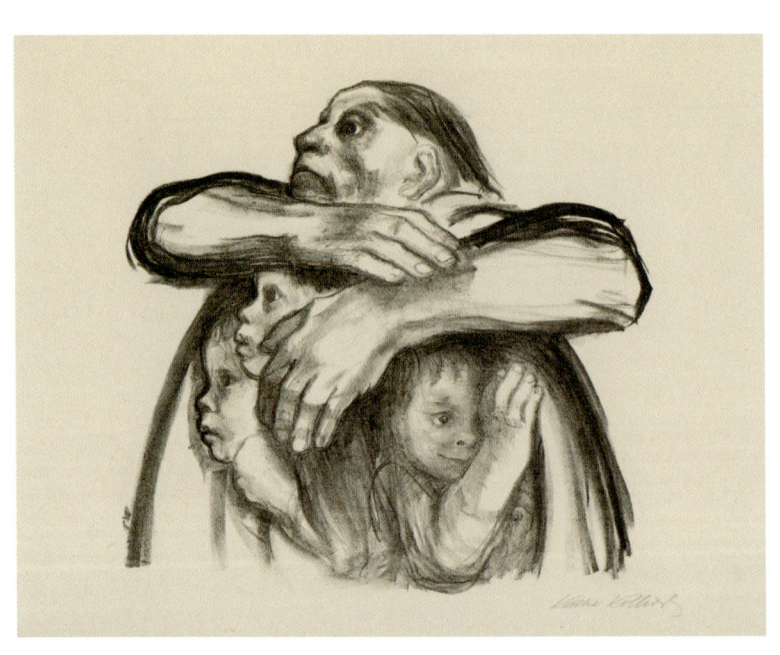

케테 콜비츠, **씨앗을 짓이겨서는 안 된다**, 1941

거기에 비해 루오의 그림은 고요하기 이를 데 없습니다. 고통을 추상화했기 때문일까요? 그렇지 않습니다. 그는 앞서 말한 대로 '빛 체험'을 한 사람입니다. 하나님의 은총이 아니고는 세상의 평화가 지켜질 수 없다는 사실을 잘 알고 있습니다. 인간의 의지적 노력도 필요하지만 결국은 신의 은총이 세상을 지킬 것임을 믿는 것입니다.

해마다 6월이면 울음을 안으로 삼키는 이들이 있습니다. 이 땅에 불이닥쳤던 전쟁의 광풍으로 가족을 잃은 이들 말입니다. 다시는 이 땅에 전쟁이 일어나지 말아야 합니다. 세상에 아름다운 전쟁은 없습니다. 명분이 어떠하든 전쟁은 인간이 가진 악마성의 전시장일 뿐입니다. 〈어머니들이 미워하는 전쟁〉에 담긴 간절함이 문득 가슴을 가득 채웁니다.

4부

탄생부터
부활까지

헨리 오사와 태너, **수태고지** The Annunciation
1898, 144.8×181cm, 필라델피아 미술관, 펜실베이니아

예수님은 어떻게
이 땅에 오시는가?

헨리 오사와 태너
〈수태고지〉

예수 그리스도의 오심을 기다리는 이들에게 12월은 설렘의 계절입니다. 황지우 시인의 〈너를 기다리는 동안〉은 그런 설렘을 절묘하게 표현합니다. "네가 오기로 한 그 자리에 / 내가 미리 가 너를 기다리는 동안 / 다가오는 모든 발자국은 / 내 가슴에 쿵쾅거린다."

기다리는 사람은 모든 기척에 예민할 수밖에 없습니다. 나뭇잎이 바스락거리는 소리도 문이 여닫히는 소리도 무심히 들을 수 없습니다. 대림절을 맞이하는 기독교인들에게 이런 설렘이 있는지 모르겠습니다.

대림절에 기억해야 하는 인물 가운데 한 분이 마리아입니다. 나사렛 산골 마을에서 평범하게 살던 소녀 마리아, 그는 어떤 꿈을 품고 살았을까요? 1세기 무렵 갈릴리에서의 삶은 녹록지 않았을 겁니다. 소외된 지역에서 고단한 노동과 가혹한 착취 속에서 살았던 사람들이 꾸는 꿈이 장밋빛일 수는 없었을 겁니다. 그렇다고 하여 삶을 너무 우울하게 바라볼 필요는 없습니다. 가장 끔찍한 환경 속에서 살아가는 이들도 밝은 웃음을 짓고, 생의 행복을 누릴 수 있으니 말입니다. 게다가 마리아에게는 성혼한 사람이 있었습니다. 요셉과 더불어 이루어갈 삶을 가슴 벅찬 떨림으로 기다렸을 것입니다.

하지만 마리아의 삶은 가브리엘 천사를 만나면서 전혀 예기치 않았던 방향으로 전개되었습니다. "기뻐하여라, 은혜를 입은 자야. 주님께서 그대와 함께하신다." 놀란 마리아는 천사의 말이 무슨 뜻일까 곰곰이 생각했습니다. 가브리엘은 마리아가 잉태하여 아들을 낳을 터인데, "그는 위대하게 되고, 더없이 높으신 분의 아들이라고 불릴 것"이라고 말합니다.

이 전언은 마리아의 평온한 일상을 뒤흔드는 강력한 지진이었습니다. 하나님의 개입은 이렇게 누군가의 일상을 난폭하게 찢으며 느닷없이 나타납니다. 하나님의 구원 역사의 도구로 선택된 이들이 최초에 느끼는 감정은 황홀한 고양감이 아니라 당혹감입니다. 가브리엘과의 몇 차례 문답 끝에 마리아는 자기 소명을 받아들입니다. "보십시오, 나는 주님의 여종입니다. 당신의 말씀대로 나에게 이루어지기를 바랍니다(눅 1:38, 새번역)."

많은 화가들이 '수태고지'라는 결정적 순간을 그림 속에 담아내려 했습니다. 종교적 주제를 다루는 화가들이 매혹적인 순간을 놓칠 수는 없었기 때문입니다. 우리에게 익숙한 화가 가운데 얼핏 떠오르는 이들은 프라 안젤리코(Fra Angelico, 1387~1455), 산드로 보티첼리(Sandro Botticelli, 1445~1510), 카라바조(Michelangelo Merisi da Caravaggio, 1571~1610), 엘 그레코(El Greco, 1541~1614) 등입니다. 한 점 한 점이 많은 이야기를 담고 있어 매혹적입니다. 그런데 화가마다 그 사건을 표현한 양식과 도상학적 배치가 조금씩 다르기는 하지만 거의 모든 그림에 공통적으로 등장하는 요소가 있습니다. 날개 달린 천사 가브리엘과 놀라 주저하면서도 경외심에 사로잡힌 마리아의 모습입니다.

그런데 19세기 말부터 활동을 시작한 헨리 오사와 태너(Henry Ossawa Tanner, 1859~1937)의 그림은 조금 다릅니다. 아프리카계 미국인인 헨리 태너는 피츠버그에서 7남매 중 첫째로 태어났습니다. 아버지 벤자민 터커 태너(Benjamin Tucker Tanner, 1835~1923)는 미국에서 조직된 아프리카계 미국감리교회의 감독이었습니다. 그는 불의한 현실을 개혁하려던 활동가이기도 했습니다. 헨리 O. 태너의 미들 네임인 '오사와'는 그런 아버지의 지향이 담긴 이름입니다. 헨리가 태어나기 3년 전에 캔자스의 오사와토미(Osawatomie)에서 노예제 반대운동이 일어났습니다. 아버지는 그 사건을 기리기 위해 아들의 이름에 그 지명을 넣었던 것입니다.

어릴 때부터 그림에 재능이 뛰어났던 헨리 태너는 1879년에 펜실베이니아 예술 아카데미에 입학했습니다. 유일한 흑인 학생이었다고 합니다. 좋은 선생님을 만나 많은 것을 배웠지만, 인종 차별적 경험이 예민한 젊은이의 영혼에 상처를 입혔습니다.

그러던 차에 그는 애틀랜타 지역의 감리회 감독의 도움으로 프랑스 파리로 이주할 수 있었습니다. 미국에 비해 인종차별이 많지 않았기에 태너는 마음껏 자기 재능을 펼칠 수 있었습니다. 더 이상 두려워할 필요도 없었고, 자신이 받아들여지지 않는다는 생각에 우울할 이유도 없었습니다. 그의 그림은 파리의 살롱에 전시되었고 평단의 호평을 받았습니다. 그는 성서를 주제로 많은 그림을 그렸습니다.

사자 굴 속에 있는 다니엘, 1907~1918

⟨사자 굴 속에 있는 다니엘⟩, ⟨선한 목자⟩, ⟨나사로의 부활⟩ 등의 그림은 경건한 이들에게 깊은 감명을 주었습니다. 독지가들이 나서서 헨리 태너에게 팔레스타인 방문 기회를 제공했습니다. 거룩한 땅에 머무는 동안 그는 성경이 증언하는 사건들을 입체적으로 사유하기 위해 노력했습니다.

■■ ■ ■■■ ■

⟨수태고지⟩는 그가 성지 순례에서 돌아와 그린 첫 번째 그림입니다. ⟨수태고지⟩를 그린 화가들은 그 사건이 일어난 장소를 수도원직 건물이나 궁전으로 표상하지만, 리얼리즘을 추구했던 헨리 태너는 누추하고 공벽한 이느 방으로 재현하고 있습니다. 침대의 오른쪽 위로는 물 항아리와 등잔이 보입니다. 침대에는 구겨진 시트가 깔려 있고, 울퉁불퉁한 바닥 그리고 그 위에 깔린 양탄자는 낡아 보입니다. 침대 위에 다소곳이 걸터앉은 마리아는 어린 티가 납니다. 입고 있는 옷도 영광이나 완성을 나타내는 붉은색 혹은 푸른색이 아닙니다. 갸름한 얼굴과 야윈 몸이 마리아가 겪어온 삶의 신산스러움을 드러내는 듯합니다. 마리아는 눈을 들어 화면의 왼편을 채우고 있는 빛 기

둥을 바라보고 있습니다. 느닷없는 사건에 놀란 것 같지만 경박한 반응은 아닙니다. 오히려 마리아의 덕성이 반영되어 있습니다. 그러쥔 두 손은 경외심을 표현하고 있습니다.

헨리 태너는 가브리엘 천사를 빛으로 표현합니다. 환하지만 눈부시지는 않습니다. 마치 설화석고를 통과한 빛처럼 온화합니다. 그 빛은 사람들을 압도하지 않습니다. 고요히 공간을 채울 뿐입니다. 그런데 화가는 그 속에 몇 가지 메시지를 담으려 한 것 같습니다. 밝은 빛기둥은 물 항아리를 올려놓은 선반에 의해 분할됩니다. 그래서인지 빛 기둥이 마치 십자가처럼 보입니다. 십자가는 태어날 아기의 운명을 암시하기도 하지만 마리아가 겪게 될 아픔을 보여 주는지도 모르겠습니다. 정결예식을 하기 위해 성전에 올라갔을 때 시므온은 아기 예수를 품에 안고 마리아에게 말했습니다. "그리고 칼이 당신의 마음을 찌를 것입니다. 그리하여 많은 사람의 마음 속 생각들이 드러나게 될 것입니다(눅 2:35, 새번역)."

눈여겨보신 분들이 있는지 모르겠지만 이 그림에는 물 항아리가 세 개 배치되어 있습니다. 물 항아리는 왼쪽 바닥과 위쪽 선반에 각각 놓여 있고, 오른쪽 벽감에 하나가 더 놓여 있습니다. 항아리는 어쩌면 마리아가 예수님을 품는 그릇이라는 사실을 넌지시 드러내는 것이 아닐까요? 항아리가 셋이라는 것은 신적 숫자를 의도한 것처럼 보입니다. 우리가 이런 디테일에 주목해야 하는 것은 제한된 평면 위에 다양한 서사를 담기 위해 화가들이 늘 고심하고 있음을 알기 때문입니다.

　주저하고 머뭇거리면서도 결국은 하나님의 계획에 자기 삶을 맡기는 이들은 행복한 사람일까요, 불행한 사람일까요? 행복과 불행으로 감히 그런 삶을 가를 수는 없을 것입니다. 지금도 주님은 우리 몸을 빌려 이 세상에 오려 하십니다.

피에로 델라 프란체스카, **그리스도의 세례** The Baptism of Christ, 1437~1445, 목판에 템페라, 167×116cm, 런던 국립미술관

보라,
하나님의 아들이다

피에로 델라 프란체스카
〈그리스도의 세례〉

    피에로 델라 프란체스카(Piero della Francesca, 1416~1492)는 이탈리아 중부 토스카나 지방의 작은 마을에서 태어났습니다. 작품 생활 초기에 그는 주로 피렌체에서 활동했다고 합니다. 활동을 했다기보다는 화가 훈련을 받았다는 것이 더 옳은지도 모르겠습니다. 그의 아버지는 제혁업자로 구두 공장을 운영했기에 집안은 무척 부유했고, 아버지의 교육열 또한 높았던 것 같습니다. 아버지는 그를 교양인으로 키우기 위해 당대의 교양언어인 라틴어 수업에도 공을 들였습니다.

    피에로 델라 프란체스카는 다소 낯선 이름이겠지만 참 위대한 화가입니다. 2011년 맨부커상 수상작가인 영국 소설가 줄리언 반스(Julian Barnes)는 이탈리아 우르비노에서 피에로의 그림 〈그리스도의 수난〉을 처음 본 후의 느낌을 이렇게 적었습니다. "견고한 구성과 차분한 정취의 조합과 광휘와 신령함에 대한 것으로, 간단히 말하자면 위대한 예술 작품은 아름다움과 신비의 조합이며 무언가 명백히 드리내면서도 모두 드러내지는 않는다(페르메이르, 조르조네)는 생각이 잠시 밀려들었던 것이다(『줄리언 반스의 아주 사적인 미술 산책』, 231쪽)." 줄리언 반스는 이 그림을 자기만의 '톱 10' 명화에 포함했습니다.

이 말만으로는 그의 그림이 어떠한지 알기 어렵습니다. 조금 더 그에 대해 말해볼까요? 피에로가 피렌체에 머문 시간은 길지 않았지만 그곳에서 그는 르네상스의 거장들과 교류하면서 많은 것을 배웠습니다. 그에게 큰 영향을 준 이는 당시 예술 이론의 대가였던 알베르티(Leon Battista Alberti, 1404~1472)였습니다. 피에로는 그를 통해 원근법의 원칙을 배웠다고 합니다. 피에로의 대표작이라 할 수 있는 〈그리스도의 수난〉은 원근법이 가장 정교하게 적용된 그림으로 이름이 높습니다. 균형 잡힌 구성, 단순화된 형태, 부드러운 색채를 통해 그는 경건한 분위기를 창조했습니다.

그리스도의 수난, 1455~1460

오늘 우리가 감상하려는 그림은 그의 또 다른 대표작인 〈그리스도의 세례〉입니다. 수많은 화가가 이 주제로 그림을 그렸습니다. 세례자 요한과 예수님은 경쟁하는 동시에 협력하는 모습을 보였습니다. 사실 복음서가 그린 두 분의 관계는 "나는 그분의 신발 끈을 풀 만한 자격도 없소", "그는 흥하여야 하고, 나는 쇠하여야 하다."는 말에서 드러나듯 상당히 일방적입니다. 세례 요한은 주님 오실 길을 준비하는 역할에만 국한되어 있다는 말입니다. 그러나 제자들은 그렇지 않았습니다. 상당히 성생적이었던 것으로 보입니다.

예수님이 세례자 요한에게 세례를 받으셨다는 사실을 공관복음서들은 다 전하지만 내용은 조금씩 차이가 납니다. 마가복음은 "그 무렵에 예수께서 갈릴리 나사렛으로부터 오셔서, 요단강에서 요한에게 세례를 받으셨다(막 1:9)."고 간결하게 언급합니다. 누가복음은 그보다 더 간결하게 언급합니다. 하지만 마태복음은 조금 다른 과정을 보여줍니다. 요한은 당신 앞에 나온 예수님을 보고 "내가 선생님께 세례를 받아야 할 터인데, 선생님께서 내게 오셨습니까?(마 3:14, 새번역)"라고 말하며 만류합니다. 그때 예수님은 "지금은 그렇게 하도록 하십시오. 이렇게 하여, 우리가 모든 의를 이루는 것이 옳습니다(마 3:15, 새번역)."라고 응답하십니다. 세례 요한이 영적으로 우위에 있어서 예수님께 세례를 베푼 것이 아니라, 하나님의 뜻을 이루시려는 예수님의 뜻으로 인해 그리된 것이라는 설명입니다. 이것은 세례자 요한의 제자들과 예수님의 제자들이 경쟁하던 시기를 반영하고 있습니다. 예수님이 요한에게서 세례를 받았다는 사실 자체를 부정할 수는 없었기에 마태는 이런 언급을 통해 예수님의 우위를 드러내고자 했을 것입니다.

〈그리스도의 세례〉에서 눈에 띄는 인물은 여섯 명입니다. 이 말은 유심히 보아야 보일 정도로 몇 사람이 숨겨져 있다는 말입니다. 예수님과 세례자 요한이 기둥처럼 서 있는 나무 오른쪽에 서 계시는데, 그 옆에는 옷을 벗는 한 남자의 모습이 등장합니다. 옷을 벗는 사람 뒤편 멀리 화려한 옷을 입고 큰 모자를 쓴 사람이 몇 보입니다. 그들은 아마도 바리새파 사람과 사두개파 사람들일 겁니다.

나무 왼쪽에는 세 천사가 배치되어 있습니다. 흥미로운 것은 두 천사는 지금 벌어지고 있는 사건을 살피고 있는데, 다른 한 천사는 다른 곳을 보고 있다는 사실입니다. 그의 시선은 감상자를 향하는 것처럼 보입니다. 어쩌면 그는 그 시선을 통해 우리를 그림 속으로 초대하는지도 모르겠습니다. 나무 뒤에 살짝 몸을 숨기고 있는 천사의 몸짓이 매우 흥미롭습니다. 그는 다른 천사의 어깨에 한 손을 얹고, 다른 손으로는 천사의 손을 굳게 붙잡고 있습니다. 서로에게 뭔가 확신을 주기 위한 몸짓일까요? 세 천사는 정적으로 보이는 그림에 슬쩍 유머와 활기를 불어넣고 있습니다.

■■ ■ ■ ■ ■ ■

원경으로 보이는 풍경은 요단강 주변이 아니라 피에로의 고향인 토스카나 지방입니다. 피에로는 그 놀라운 순간을 현재화하고 싶었던 것 같습니다. 산야는 가파르거나 척박하지 않습니다. 목가적이고 평화롭게 보입니다. 화면 하단 좌우편에 배치된 식물들도 토스카나 지방에서 자라는 것들이라고 합니다. 옅푸른 하늘빛, 그리고 마치 UFO처럼 보이는 구름도 일상적 삶의 편린처럼 보입니다.

두 손을 가지런히 모은 채 우뚝 서 계신 그리스도의 모습은 고요하기 이를 데 없습니다. 예수님의 몸체와 나무 기둥줄기는 대리석처럼 흰빛을 띠고 있어 완벽한 조화를 이룹니다. 이 결정적 순간에 신적 고요함이 느껴지는 것은 그 때문입니다. 그에 비해 그릇에 든 물을 예수님의 머리에 붓는 세례자 요한의 표정에는 왠지 모를 민망함과 당혹감이 스며 있습니다. 그의 왼손은 긴장되어 보이고, 뒤로 가볍게 들어 올린 왼발 역시 마찬가지입니다.

이제 우리가 눈여겨보아야 할 것이 있습니다. 기둥처럼 우뚝 서서 장면을 분할하고 있는 나무는 예수님의 머리 위에 가지를 뻗은 채 큰 아치를 이루고 있습니다. 이 그림의 상단이 아치 형태를 이루는 것은 원래 산세폴크로(Sansepolcro) 예배당에 있는 제단화의 일부였기 때문입니다. 어쨌든 무성한 나뭇잎은 일종의 아치가 되어 예수님을 보호하고 있습니다. 그런데도 그 나뭇잎은 도드라지지 않습니다. 하나님의 은총은 늘 그런 모습으로 우리에게 다가오는지도 모르겠습니다. 나무 아래 날개를 넓게 펼친 비둘기가 보입니다. 비둘기는 물론 성령의 표상입니다. 날개를 펼친 비둘기와 물그릇, 예수님의 수염, 가지런히 모은 두 손, 그리고 배꼽에 이르기까지 완벽한 수직을 이루고 있습니다.

그런데 피에로는 왜 굳이 옷을 벗는 사람을 그 자리에 배치한 것일까요? 그에게 시선을 주는 순간 감상자들은 비로소 그의 뒤쪽에 선 사람들의 모습에 주목하게 됩니다. 그는 일종의 창문 구실을 하고 있습니다.

주님이 세례를 받으실 때 하늘에서 들려왔던 소리를 지금 듣고 싶습니다. "너는 내 사랑하는 아들이다. 내가 너를 좋아한다(막 1:11, 새번역)."

미켈란젤로 부오나로티, **론다니니 피에타** Rondanini Pietà
1555~1564, Stone, 195cm, 스포르체스코 성 박물관, 밀라노

세상의 모든 슬픔을
짊어지고

미켈란젤로 부오나로티
〈론다니니 피에타〉

　　세상 도처에서 어머니들의 피 울음이 들려옵니다. 자식을 잃고 우는 라헬의 울음소리는 이스라엘 사람들의 기억 속에 일종의 원형으로 각인되어 있었습니다. 예레미야는 망국의 아픔을 다독이며 주님의 말씀을 전합니다. "나 주가 말한다. 라마에서 슬픈 소리가 들린다. 비통하게 울부짖는 소리가 들린다. 라헬이 자식을 잃고 울고 있다. 자식들이 없어졌으니, 위로를 받기조차 거절하는구나(렘 31:15, 새번역)."

　　생때같은 자식을 잃은 어머니의 아픔과 한은 아무리 세월이 흘러도 지워지지 않는 얼룩일 수밖에 없습니다. 자식을 잃은 지 수십 년

이 흘렀는데도 그 무덤가에서 구슬픈 울음을 터뜨리는 이들을 볼 때면 슬픔의 깊이를 가늠할 길이 없어 허둥거리곤 합니다.

예수님이 십자가를 지고 골고다 언덕을 오르실 때 많은 여인이 가슴을 치며 슬퍼했습니다. 그때 주님은 여인들을 위로하며 이르셨습니다. "예루살렘의 딸들아, 나를 두고 울지 말고, 너희와 너희 자녀를 두고 울어라(눅 23:28, 새번역)." 슬픔은 인간을 인간 되게 하는 근원적 정서입니다. 슬픔은 우리에게서 허세의 가면을 벗기고 삶의 실상과 마주하게 합니다. 윤동주의 시 '팔복'은 '슬퍼하는 사람이 복이 있다'는 구절을 여덟 번이나 반복합니다. 슬픔 그 자체는 복일 수 없지만, 슬픔이 사람의 마음을 매어 주는 디디는 측면에서 보면 복이라 말할 수 있습니다. 그러나 슬픔 자체를 찬미할 수는 없습니다. 슬픔을 넘어 기쁨에 이르기를 바랄 뿐입니다.

▪▪▪▪▪

수많은 화가와 조각가들이 성모 마리아가 그리스도의 시신을 무릎에 안고 슬퍼하는 모습을 형상화했습니다. 그것을 일러 피에타(Pietà)라 합니다. 종교의 유무를 떠나 사람들은 피에타 앞에 설 때 숙

연함을 느낍니다. 그 형상 속에 표현된 슬픔이 인류의 보편적 정서이기 때문입니다. 피에타 하면 사람들은 즉시 바티칸의 성 베드로 대성당에 있는 미켈란젤로 부오나로티(Michelangelo di Lodovico Buonarroti Simoni, 1475~1564)의 피에타 상을 떠올립니다. 1498년부터 1500년 사이에 제작된 이 작품은 조형적으로 나무랄 데가 없습니다. 대리석에 영혼이 깃들게 하는 것을 소명으로 삼은 사람이라는 세간의 평가가 과장이 아닙니다. 선과 면으로 이루어진 완벽한 삼각 구도는 흔들림 없는 불멸의 표상입니다. 아들을 무릎에 안고 있는 어머니의 얼굴은 슬픔에 차 있지만 매우 절제되어 차라리 우아해 보입니다. 축 늘어진 그리스도의 모습도 인간적 비참함과는 무관해 보입니다. 허리를 곧추세운 어머니와 아들은 절묘한 십자가 형태를 이룹니다. 감상자들은 슬픔에 압도되기보다는 거룩함의 현현을 보는 것 같은 느낌에 입을 다뭅니다. 20대 중반에 이른 젊은 천재의 재능이 작품에 고스란히 담겨 있습니다.

그러나 문득 저항감이 생깁니다. 로마제국에 의해 반역죄로 처형당한 청년 예수와 참척의 고통을 당한 어머니의 슬픔은 말끔하게 표백되어 있기 때문입니다. 어쩌면 시대의 요청 때문이었는지도 모르겠습니다. 중세 말의 혼란 속에서 사회는 들끓고 있었습니다. 권력

피렌체 피에타, 1548~1555

기관으로 변한 교회는 사람들의 시린 마음을 어루만지고 마땅히 가야 할 길을 가르치기보다 자기 확장욕에 몰두했습니다. 중세를 지탱하던 세계관이 서서히 기울고 있었습니다. 미켈란젤로는 그런 혼돈 속에서 질서를 찾고 싶었던 것 같습니다.

미켈란젤로는 그 이후에도 몇 개의 피에타 상을 더 제작했습니다. 작업 도중 미켈란젤로 자신이 일부를 파손했다고 알려진 〈피렌체 피에타〉, 형태적으로 불안정할 뿐만 아니라 조야한 느낌이 드는 〈팔레스티나 피에타〉, 그리고 미완성작으로 남은 〈론다니니 피에타〉가 그것입니다. 같은 주제를 여러 번 다루었다는 것은 주제를 바라보는 그의 인식에 변화가 생겼음을 암시합니다.

▮▮ ▮ ▮ ▮ ▮

미술사적으로는 어떤지 모르겠지만 내 마음에 최고의 피에타는 밀라노의 스포르체스코 성 박물관에 있는 〈론다니니 피에타〉입니다. 그 피에타 상을 처음 본 순간 작품에 깃든 깊은 슬픔과 고요함에 압도되었습니다. 미켈란젤로가 세상을 떠나기 얼마 전까지 매만지던 이 작품은 초벌로 돌을 다듬은 상태일 뿐 완성과는 거리가 멉니다.

거칠고 투박합니다. 흰 대리석의 물성이 고스란히 드러나 있습니다. 마치 사는 동안 우리 몸과 영혼에 새겨진 아픈 기억들 같습니다. 젊은 시절 미학적 이상에 따라 작품을 만들던 미켈란젤로가 말년에 그렇게 투박한 작품을 만든 것은 인생의 쓴맛과 단맛을 다 겪고 난 후였기 때문일 것입니다. 미학적 이상을 추구하기 위해 가열하게 달려왔지만 마음에 남은 것은 유한한 인간의 슬픔이었던 것일까요? 형식, 균형, 비례, 아름다움의 추구는 뒤로 물러나고 삶의 실상을 드러내는 것이 그에게 더 중요했던 것일까요?

그는 생의 말년에 예술을 우상이나 전제 군주로 만드는 일의 부질없음을 토로한 바 있습니다. 나이 듦은 육체의 쇠퇴과 정신적 인생의 이완을 초래하지만 삶의 실상을 깨닫게 만들기도 합니다. 젊은 날의 열정이 스러진 후에야 볼 수 있는 것들이 분명 있습니다. 삶은 이러저러해야 한다는 당위와 열정이 스러진 자리에 남는 것은 허무이거나 자유입니다. 미켈란젤로가 당도한 세계는 허무는 아니었습니다. 그는 하나님의 은총에 자기를 자유롭게 내맡기고 싶어 했습니다.

어머니 마리아는 시신으로 변한 아들 예수를 뒤에서 부둥켜안고 있습니다. 저절로 굽은 등은 사랑하는 아들을 잃은 어머니의 슬픔을 고스란히 드러냅니다. 뒷모습만으로도 슬픔을 표현할 수 있다는 사실이 놀랍습니다. 그러나 슬픔의 표현이 노골적이지 않기에 오히려 마음을 건드립니다. 그런데 작품을 가만히 보면 마치 죽은 예수가 슬픔에 잠긴 어머니를 업고 있는 것처럼 보이기도 합니다. 미켈란젤로가 의도한 것인지도 모르겠다는 생각이 듭니다. 어머니는 아들을 부둥켜안아 일으키려 하고, 아들은 어머니의 슬픔의 무게를 오히려 짊어지고 있습니다. 이것이 십자가의 신비가 아닐까요? 독일의 신학자이자 미술평론가인 발터 니그(Walter Nigg, 1903~1988)는 미켈란젤로에 관한 책을 마무리하면서 〈론다니니 피에타〉에 대해 이렇게 평가합니다.

"이 피에타 앞에서 어느 누가 그의 매끄러운 묘사를 탓하면서 이런 매끄러움을 수단으로 그가 아름다운 형식만 섬겼다는 비난을 할 수 있겠는가? 고통의 흔적을 극명하게 드러냄으로써 복음의 세계를 구체적으로 보여 주는 이 형상을 바라볼 때 이런 바보스러운 항변은 무너지고 만다. '론다니니의 피에타' 안에서 분명하게 드러나는 것은 다름이 아니라 신약성경이 담고 있는 그리스도교 정신이다. 그리스도교 정신은 권력, 무게, 그리고 위엄과는 전혀 상관이 없다. 그리스도교를 이렇게 보는 의견들은 '론다니니의 피에타'에서 남김없이 극복되었으며, 사람의 아들이 처한 통절한 절망은 그를 표현하는 데는 충분하지 않은 충격이라는 말에 자리를 내준다. 측은함만 오롯이 남는다. '론다니니의 피에타'는 형언할 수 없는 것과 대면할 때 유일하게 할 수 있는 침묵이다(발터 니그, 『미켈란젤로-하느님을 보다』, 윤선아 옮김, 분도출판사, 2012, 181~182쪽)."

히브리서 기자는 "우리의 대제사장은 우리의 연약함을 동정하지 못하시는 분이 아닙니다(히 4:15, 새번역)."라고 말했습니다. 스스로 연약함 속에 있었기에, 스스로 고난을 당함으로 순종을 배우셨기에 그분은 우리를 도우실 수 있습니다.

〈론다니니 피에타〉는 형언할 수 없는 슬픔의 시간을 지나는 모든 이를 그 품에 안습니다. 우리가 일터에서, 거리에서, 바다에서, 집에서 갑작스레 죽음을 맞이한 사식들 때문에 가슴에 냉이 는 모든 어머니와 아버지의 아픔을 함께 나누려 할 때 고난 당하신 예수님과의 깊은 일치가 이루어집니다.

라비니아 폰타나, **내게 손을 대지 말아라** Noli Me Tangere
1581, 80×65.5cm, 우피치 미술관, 피렌체

죽음을 이긴
생명

라비니아 폰타나
〈내게 손을 대지 말아라〉

　부활절 이야기의 핵심 인물은 베드로도 요한도 아닌 마리아입니다. 마리아는 주간의 첫날 이른 새벽에 맨 먼저 무덤으로 달려갔습니다. 빈 무덤에 놀란 마리아는 시몬 베드로와 예수께서 사랑하시던 다른 제자에게 달려가서 주님이 사라졌다는 소식을 전합니다. 놀란 두 제자가 무덤으로 달려가 마리아의 말이 사실임을 확인했지만 무엇을 어떻게 해야 할지 몰라 자기들이 있던 곳으로 돌아갔습니다. 그러나 마리아는 차마 그 자리를 떠날 수 없었습니다. 비록 시신일지라도 예수의 부재를 현실로 받아들일 수 없었던 것입니다. 그 몸에서 사취(屍

臭)가 날지라도 자기 삶에 성스러운 차원을 열어준 분의 상처 난 몸에 향유를 발라 드리고 싶었습니다.

마리아는 울다가 문득 무덤 속을 들여다보고는 깜짝 놀랍니다. 흰 옷을 입은 천사 둘이 앉아 있었던 것입니다. 천사가 마리아에게 물었습니다. "여자여, 왜 우느냐?" "누가 우리 주님을 가져갔습니다. 어디에 두었는지 모르겠습니다." '가져가다', '두다'라는 동사는 마리아가 예수의 죽음을 기정사실로 받아들임을 보여 줍니다. 인기척을 느낀 마리아는 문득 뒤를 돌아봅니다. 거기 서 있던 낯선 사람이 "여자여, 왜 울고 있느냐? 누구를 찾느냐?" 묻자, 그가 동산지기인 줄 알고 주님이 어디 계신지 일러 주면 그를 모셔 가셨다고 말합니다. 그때 예수께서 "마리아야!" 하고 부르시자 비로소 마음의 눈이 열려 주님이신 줄 알아봅니다. 예수님은 마리아에게 "내게 손을 대지 말아라. 내가 아직 아버지께로 올라가지 않았다." 이르십니다.

■■ ■ ■■■

예수님의 이 명령은 수많은 화가의 상상력을 자극했습니다. 라틴어로 번역한 것이 '놀리 메 탄게레(Noli Me Tangere)'인데, 같은 제목의 그림이 참 많이 있습니다. 대개 예수님을 만지고 싶어 손을 내미는 마리아와 부드럽게 그 손길을 피하는 예수님의 모습이 대조됩니다. 왜 주님은 당신을 만지지 말라고 하셨을까요? 어떤 이들은 예수님의 부활체가 생명과 죽음, 이생과 저승 사이의 점이지대에 속해 있었기 때문이라고 설명합니다. 그럴듯하지만 고개가 끄덕여지지는 않습니다. 차라리 예수님이 마리아에게 육신으로는 가닿을 수 없는 신령한 세계가 있다는 사실을 일깨워 주기 위함이라는 해석이 더 그럴싸합니다. 그러나 이것 역시 충분한 설명이라 할 수 없습니다.

완전하다고는 할 수 없지만 프랑스 철학자인 장-뤽 낭시(Jean-Luc Nancy)의 설명에 귀를 기울이는 것도 나쁘지 않습니다. 그는 이 사건을 진리에 대한 인식의 문제로 바라봅니다. "진리는 절대적으로 귀결을 허용하지 않는다. 그것은 만지도록 내버려 두지도 않고 붙들게 하지도 않는다. 어둠 속에서 보는 게 문제가 아니다. 더 나아가 어둠에도 불구하고 보는 게 문제가 아니다(변증법적 방식으로든 종교적 방식으로든). 중요한 것은 어둠 안에서 눈을 여는 것이다(장-뤽 낭시, 『나를 만지지 마라』, 이만형·정과리 옮김, 문학과지성사, 2015, 76쪽)." 누구도 이 신비한 구절에 대한 완전한 해석을 내놓을 수는 없을 겁니다. 화가들이 '놀리 메 탄게레'를 주제로 하여 그린 그림이 다양하다는 것은 그 말씀이 다양한 해석의 가능성을 열어주기 때문일 것입니다.

그 가운데서 오늘 우리가 보려는 것은 16~17세기 이탈리아 화가인 라비니아 폰타나(Lavinia Fontana, 1552~1614)의 그림입니다. 볼로냐 태생인 이 화가는 남성들이 중심이었던 이탈리아 화단에서 성공한 여성화가 가운데 한 사람입니다. 그는 아버지 프로스페로 폰타나(Prospero Fontana, 1512~1597)에게서 그림 수업을 받았습니다. 초기에는 상류층 인사들의 초상화를 많이 그렸습니다. 라비니아의 그림은 색채가 다양하고, 특히 인물들이 입고 있는 의복과 착용하고 있는 장신구의 세부 묘사가 뛰어났습니다. 자연적인 것보다 양식화된 표현을 선호했던 이탈리아 매너리즘에 익숙했던 것입니다. 놀랍게도 라비니아는 남성과 여성의 누드화도 많이 그렸습니다.

라비니아는 1577년에 파올로 자피(Paolo Zappi)와 결혼했습니다. 파올로도 화가였지만 아내의 재능이 뛰어남을 인정하고 기꺼이 아내의 조력자로 지냈습니다. 그들 사이에 11명의 아이가 태어났지만 장성할 때까지 산 사람은 겨우 3명뿐이었다고 하니, 인생의 쓴맛도 많이 봤다고 해야 할 것입니다. 라비니아의 명성이 높아지자 교황 클레멘스 8세가 그를 초대하여 교황청 화가로 삼았습니다. 라비니아는 나중에 로마 아카데미 회원으로 선출되는 영예까지 누렸습니다.

세례자 요한과 성 가족, 1589

라비니아의 그림 가운데 내가 가장 사랑하는 작품은 1589년에 그린 〈세례자 요한과 성 가족〉입니다. 침대 위에 모로 누운 채 깊은 잠에 빠진 아기 예수의 모습이 매우 평화롭습니다. 아기는 꿈을 꾸는 듯 두 손을 얼굴 앞에 그러쥐고 있습니다. 침대 옆에 선 세례자 요한은 오른손 검지를 입에 올리고 있어 마치 관람객들에게 조용히 하라고 말하는 것처럼 보입니다. 어머니 마리아는 벌거벗은 아들이 행여 추울세라 얇은 담요를 끌어 올려 주려다가 문득 아기를 사랑스러운 눈길로 바라보고 있습니다. 아버지 요셉은 어두운 배경 뒤에 서서 그들 모두를 지키는 늠연(凜然)하나 인자한 가장의 모습을 보입니다. 정말 평화롭고 사랑스러운 광경입니다.

라비니아가 〈내게 손을 대지 말아라〉를 그린 것은 1581년입니다. 라비니아는 대각선적 구성을 통해 화면을 둘로 분할하고 연관된 두 이야기를 나란히 배치하고 있습니다. 좌측 상단은 빈 무덤을 보여 줍니다. 무덤 안에는 천사가 앉아 있고 무덤 밖으로는 두 사람이 서 있습니다. 하나는 막달라 마리아이고 다른 하나는 베드로 혹은 예수의

사랑받던 제자일 것입니다. 마을 저 멀리 구릉지대 위로 아침 해가 찬란하게 떠오르고 있습니다. 그러나 마리아의 얼굴은 고요하지만 슬픔에 차 있습니다.

화면의 하단에는 반 무릎을 꿇은 채 두 팔을 벌리고 경외심에 가득 찬 눈으로 예수님을 바라보는 마리아의 모습이 보입니다. 잔뜩 힘이 들어간 채 벌어진 오른손의 손가락은 그가 얼마나 크게 놀랐는지를 보여 줍니다. 왼손에 들린 것은 향유입니다. 예수의 몸에 발라드리고 싶어 가지고 왔던 것입니다. 그런데 라비니아는 예수님의 모습을 성경에 충실하게 그렸습니다. 손에는 자루가 긴 삽이 들려 있습니다. 정원지기의 모습입니다. 그러나 서 있는 자세는 화가들이 즐겨 형상화한 부활하신 주님의 전형적인 모습입니다. 예수님은 오른손을 마리아의 머리 바로 위에 올려 축복하시지만 접촉은 삼가십니다. 그 펼쳐진 손가락은 축복의 자세입니다.

예수님의 머리에 씌워진 모자는 형태나 크기가 다 부자연스럽습니다. 썼다기보다는 그 위에 살포시 올려놓은 것처럼 보입니다. 라비니아는 왜 그런 부자연스러움을 택했을까요? 표현의 미숙은 아닐 것입니다. 짐작 가는 것이 있습니다. 일단 마리아의 머리 위에 있는 후광을 보십시오. 투명한 원반 같은 후광이 뚜렷하게 보입니다. 그러나 예수님에게는 후광이 없습니다. 어쩌면 그 별스럽고 부자연스러워 보이는 모자가 후광을 대신하는 것인지도 모르겠습니다.

　라비니아가 디테일 속에 숨겨놓은 하나의 메시지가 더 있습니다. 우측 화면의 중앙에는 밑동만 남은 나무가 보입니다. 잘린 나무는 예수의 때 이른 죽음을 가리키는 것이 아닐까요? 그러나 그 밑동으로부터 새로운 가지가 솟아나고 있습니다. 죽음을 이긴 생명입니다. '어둠 안에서 눈을 열어야' 하는 것처럼, 죽음의 현실 속에서도 생명을 포기하지 않는 것, 끝끝내 생명의 싹을 틔우는 것, 그것이 신앙 아닐까요?

5부

비로소
하나님의
마음으로

에드바르 뭉크, **병든 아이** The Sick Child
1885~1886, 120×118.5cm, 오슬로 국립미술관

아픔을
마주하는 시간

에드바르 뭉크
〈병든 아이〉

편지를 받았습니다. 병에서 좀처럼 회복하지 못하는 딸 때문에 마음이 다 졸아붙은 엄마의 편지였습니다. 믿음으로 기도하면 낫게 해 주시리라 믿고 간절히 기도했지만 아이의 병세는 나아지지 않았습니다. 엄마는 딸의 고통이 자신의 믿음 없음 때문인 것 같아 깊은 죄책감을 느끼고 있었습니다. "하나님이 생명의 주인이시고, 우리를 사랑하신다면 왜 내 아이는 낫지 않느냐?"라는 질문 앞에서 대답할 말이 없었습니다.

생명이란 '살라는 명령'이고 '명을 살아내는 것'이라고 생각하지만,

생의 무게에 짓눌려 미처 삶의 의미를 구성할 여유조차 없이 그저 삶을 견디는 이들이 있습니다. 그들에게 "다 하나님의 뜻이 있겠지요." 라고 말하는 것은 폭력입니다. 세상에는 정말 알 수 없는 일이 많습니다. 알 수 없는 것은 알 수 없음으로 남겨 두어야 합니다. 그런 후에 고통스러운 현실을 감내하는 이들의 곁에 다가서서 그들의 비빌 언덕이라도 되어야 합니다. 눈물을 쏟든, 고함을 내지르든 상관하시 않고 그저 곁을 지켜주는 사람이 필요합니다.

∎∎∎∎∎∎∎∎∎

노르웨이 출신의 화가 에드바르 뭉크(Edvard Munch, 1863~1944) 하면 사람들은 거의 본능적으로 〈절규〉라는 그림을 떠올립니다. 세기말적 공포를 담아낸 그림을 한 번 본 사람들은 잊을 수 없기 때문입니다. 그 작품이 뭉크의 대표작인 것은 사실이지만 뭉크가 왜 삶을 공포스럽게 바라보았는지는 잘 알지 못하는 이들이 많습니다.

뭉크의 집안은 노르웨이의 명문가였습니다. 집안에는 예술가, 작가, 주교, 빼어난 역사가들이 많았습니다. 아버지는 의사였지만 의술이 뛰어나지는 않았던 것 같습니다. 좋은 가정이었지만 뭉크는 일찍

절규, 1893

부터 삶이 비극일 수 있다는 사실을 체감했습니다. 어머니는 그가 다섯 살 때 폐결핵으로 세상을 떠났고, 누나인 소피는 그로부터 9년 후에 세상을 떠났습니다. 다른 형제도 서른을 넘기지 못하고 세상을 떠났고, 또 다른 누이는 정신 질환을 앓았습니다. 뭉크는 늘 자기도 결국 병에 걸려 죽을지 모른다는 공포를 안고 살았습니다. 그는 "질병, 정신이상, 죽음이라는 검은 천사들은 나의 요람을 넘겨다 보았을 뿐만 아니라 일평생 나를 따라다녔다."라고 고백한 바 있습니다. 엄마가 세상을 떠난 후 미혼이었던 이모 카렌이 집안의 중심 역할을 했습니다. 카렌은 뭉크의 예술적 재능을 알아보고 격려해 준 고마운 분이었습니다.

오슬로에서 미술 수업을 시작했지만 그에게 깊은 영향을 준 사람들은 외국에서 미술 수업을 마치고 돌아온 화가들이었습니다. 그들을 통해 뭉크는 마네(Édouard Manet, 1832~1883), 코로(Jean-Baptiste-Camille Corot, 1796~1875) 등의 화풍을 익힐 수 있었고 플로베르(Gustave Flaubert, 1821~1880)나 에밀 졸라(Emile Zola, 1840~1902)와 같은 작가들의 작품을 접할 수 있었습니다. 청교도적인 태도를 보이면서도 아내가 세상을 떠난 이후 더욱 과묵해진 아버지와 버름한 관계를 유지하던 그는 노르웨이에 유입된 프랑스의 카페 문화에서 정신적 출구를 찾았습니다.

||||||||||

뭉크가 스물세 살 되던 해인 1886년에 완성한 〈병든 아이〉는 일찍이 세상을 떠난 그의 누나 소피를 떠올리며 그린 그림입니다. 그림은 아주 좁은 방을 보여 줍니다. 사람이 움직일 틈조차 없어 보입니다. 마치 소피가 직면한 삶의 곤경을 나타내는 것 같습니다. 폐결핵에 걸려 오랫동안 고통을 겪었습니다. 그러나 살고자 하는 의지에도 불구하고 그는 생명보다는 죽음 쪽에 가까이 다가선 것처럼 보입니다. 숨을 쉬는 것조차 힘들기에 그는 커다란 베개를 침대 머리에 세워 놓고 비스듬히 기댄 채 앉아 있는 모습입니다. 베개 위로 보이는 검은 색 프레임은 거울일 겁니다. 거울은 사춘기 소년 소녀들의 필수품입니다. 그맘때면 누구나 나르시스가 되는 법입니다. 거울을 보고 또 보며 자기에 도취할 때입니다. 하지만 소피에게 그런 열정은 사그라든 지 오래입니다. 거울이 가려진 것은 그런 정황을 나타냅니다.

침대 좌측에 있는 문갑 위에는 약병이 놓여 있습니다. 희미하게 보입니다. 약조차 이젠 효과가 없다는 사실을 암시하기 위한 것일까요? 오른쪽 발치께에는 유리컵이 보입니다. 그게 어쩌면 소피에게 남은 생명의 불씨인지도 모르겠습니다. 약병과 물컵은 소피의 다리를 덮고 있는 초록빛 담요로 이어집니다. 소피 곁에 있는 사람은 아마도 카렌일 겁니다. 죽어가는 조카를 보며 더 이상 아무것도 할 수 있는 일이 없음을 알기에 그는 소피의 손을 가만히 쥔 채 고개를 숙이고 있습니다. 말로 표현할 수 없는 슬픔과 무력감이 느껴지는 장면입니다. 그가 입고 있는 빡은 검은색입니다. 상례식을 연상시키는 색입니다. 단정하게 묶은 그의 머리카락은 아무렇게나 맥없이 흐트러진 소피의 머리카락과 대조적으로 보입니다.

소피의 얼굴은 창백하기 이를 데 없습니다. 그러나 그 얼굴이 비극적으로 보이지는 않습니다. 이미 체념한 것일까요? 죽음이라는 운명을 받아들인 것일까요? 소피의 얼굴은 평안해 보입니다. 그런데 소피의 시선이 머무는 곳은 자기 손을 잡고 있는 여인이 아닙니다. 창가에 드리워진 검은 커튼입니다. 오른쪽 구석에 희미하게 보이는 흰색이 그곳이 창문임을 암시합니다. 뭉크는 커튼을 검게 칠한 후 그 색을 조금씩 벗겨낸 것으로 보입니다. 가혹한 시간의 흐름을 나타내기 위해서였을까요? 그리고 보니 그림 전체에 색을 벗겨낸 흔적이 드러납니다. 마치 푸른색 녹이 낀 것처럼 보입니다. 인상주의 화풍과 연결된 것처럼 보이지만 이것은 뭉크가 자기 삶에 드리운 어두운 그림자를 얼마나 깊이 인식하고 있었는지를 보여 주는 징표이기도 합니다.

빛과 어둠, 생명과 죽음은 서로 얼굴을 맞대고 있습니다. 빛이 들어오는 곳이 보이지 않는데도 소피의 얼굴은 빛으로 충만합니다. 슬픔과 절망이 그를 완전히 삼킨 것이 아닙니다. 그렇게 보아서일까요? 소피가 기대고 있는 흰색 베개는 마치 후광처럼 보이지 않나요? 자기에게 품부된 삶의 시간을 온전히 살아내는 이들은 그들의 사회적 성취와 관계없이 아름답습니다.

∥∥∥∥∥∥∥∥

이 그림에서 내 눈을 사로잡는 인물은 아픈 소녀의 손을 잡고 있는 여인입니다. 얼굴조차 드러나지 않는 그의 모습이 참 아름답습니다. 문득 엔도 슈사쿠의 소설 『사해의 호반』이 떠오릅니다. 동양인의 정서에 부합하는 예수상을 천착하던 그는 이 작품에서 예수를 전능자가 아닌 평범한 사람으로 그립니다. 사람들은 그에게 기적을 구하지만 그는 기적을 행할 능력이 없습니다. 기도를 통해 병자를 낫게 하지도 못하고, 일거에 로마를 물리칠 영웅적 행동을 하지도 않습니다. 다만 그는 버림받은 병자들 곁에 머물면서 안타까워하며 그들과 밤을 지샐 뿐입니다. 엔도는 진정한 기적은 병자가 자리에서 벌떡 일어나도록 하는 것이 아니라 고통받는 이의 곁에 머물며 그들의 아픔을 나누는 영혼의 온기임을 드러내고 싶었는지도 모르겠습니다.

이 여인의 모습에서 세상이 가장 작은 자의 모습으로 오시는 주님의 옷자락을 보는 것은 좀 과한 상상인가요? 이 그님은 우는 부끄리기 향하는 곳이 어디인지를 믿고 있습니다. 화려하고 쾌적한 곳이 아니라 어둡고 답답한 곳을 찾아가 머물 때, 하늘의 빛과 만나게 될지도 모릅니다. 아픔을 외면하면서 거룩을 지향한다는 것은 어불성설입니다.

지거 쾨더, **너희가 나에게 먹을 것을 주었다** Ihr habt mir zu essen gegeben(Mt 25
목판 유화, 독일

하나님의 마음을
읽으라

지거 쾨더
〈너희가 나에게 먹을 것을 주었다〉

지거 쾨더(Sieger Köder, 1925~2015)는 독일의 사제 화가입니다. 그림이 묵상의 좋은 매개로 인식되면서 우리나라에서도 그의 그림에 주목하는 이들이 늘고 있습니다. 성경 이야기를 소재로 하면서도 그대로 재현하기보다 깊은 신학적 통찰을 그림 속에 녹여내어, 감상자들은 그림과 무언의 대화에 빠지게 마련입니다. 작가가 숨겨놓은 메시지를 해독하기 위해서는 최대한 신학적 상상력을 발휘해야 합니다. 그림 감상에 익숙하지 않은 이들조차 그의 그림에 흥미를 보이는 것은 그 때문입니다. 익숙한 이야기 속에 숨겨진 낯섦을 해독하기 위해 노력하는 과정을 통해 사람들은 새로운 인식의 지평에 발을 들여 놓게 됩니다. 그가 주로 사용하는 밝고 강렬한 색채는 그림 해석은 어렵다는 일반인들의 정서적 두려움의 베일을 벗겨 주는 역할을 합니다.

지거 쾨더는 독일 남서부 슈바벤 지역의 작은 도시 바서알핑엔(Wasseralfingen)에서 태어났습니다. 슈베비슈 그뮌트(Schwäbisch Gmünd) 국립공예학교에서 조각과 금속디자인을 공부했고, 슈투트가르트(Stuttgart)의 예술학교에서는 미술과 예술사를 배웠습니다. 작가와 미술교사로 살던 그는 뒤늦게 튀빙엔 대학에서 신학 공부를 시작했고 1971년에 사제서품을 받은 후 교구 사제로서 제2의 인생을 시작하였습니다. 교구민들은 물론이고 많은 기독교 대중들을 성서의 세계로 안내하기 위해 그림과 신앙 에세이를 담은 여러 권의 묵상집을 내기도 했습니다.

▌▌▌▌▌▌▌▌▌

〈너희가 나에게 먹을 것을 주었다〉는 마태복음 25장에 나오는 최후의 심판 이야기를 소재로 하고 있습니다. 최후의 심판 날 구원받을 자와 그렇지 못한 자를 가를 기준은 우리가 교회에 속한 사람인지 여부가 아니라는 것이 이야기의 핵심입니다. 지금 우리 곁에 있는 약자들을 어떻게 대했느냐가 심판의 기준이라는 말입니다.

엠마우스 운동을 시작했던 아베 피에르(Abbe Pierre, 1912~2007) 신부는 인간에 대한 기본적인 구분은 믿는 자와 안 믿는 자 사이에 있는 것이 아니라, 홀로 만족하는 사람과 공감하는 사람 사이에, 다른 사람들의 고통 앞에서 등을 돌리는 사람과 고통을 나누려는 사람 사이에 있다고 말했습니다. 행위로는 구원받을 수 없다고 귀가 닳도록 들어온 이들은 이런 메시지가 불편할 수도 있겠습니다. 교회에 속해 있으면서도 세상의 고통에 눈을 감는 이들이 있고, 교회 밖에 있으면서도 세상의 고통을 없애기 위해 노력하는 이들이 있습니다.

예수님은 굶주린 사람, 목마른 사람, 나그네로 세상을 떠도는 사람, 헐벗은 사람, 병든 사람, 감옥에 갇힌 사람들과 자신을 동일시하십니다. 주님은 "세상에서 지극히 보잘것없는 사람 하나에게 한 것이 곧 내게 한 것(마 25:40)"이라 말씀하셨습니다. 이들은 대개 세상에서 꺼림의 대상이 되는 이들입니다. 사람들은 이런 이들과 연루되는 것을 가급적 피하려 합니다. 연루됨 그 자체가 삶에 불편함을 초래할 수 있기 때문입니다. 그러나 예수님은 그런 이들과 연루되기를 꺼리는 순간 '거룩한 삶'은 불가능하다고 말씀하십니다.

지거 쾨더는 한 화면 속에 이 비유에 등장하는 여섯 부류의 사람들을 다 등장시킵니다. 물론 굶주린 사람과 헐벗은 사람은 다른 모습으로 등장합니다. 굶주린 사람은 화면의 맨 아래에 손으로만 모습을 드러냅니다. 그의 손에는 못 자국이 선명합니다. 감상자들은 그가 누구인지 설명하지 않아도 즉각 알아차릴 수 있습니다. 헐벗은 사람은 벽면에 그려진 포스터에 등장합니다. 그 포스터에는 누일말로 '제0에게를 위한 옷'이라는 글귀가 적혀 있습니다.

한 공간 속에 많은 인물을 그릴 수 없어서 이런 장치를 사용한 것일까요? 그런 것 같지는 않습니다. 공간의 분할은 화가가 얼마든지 할 수 있는 일이기 때문입니다. 굶주린 사람의 손과 그에게 빵을 나눠주는 사람의 손만 등장시킨 것은 어쩌면 "사선을 베풀 때에는, 오른손이 하는 일을 왼손이 모르게 하라(마 6:3, 새번역)."는 말씀을 상기시키기 위한 것이 아닐까요?

사실 '베푼다'는 말은 조금 불편합니다. 그 단어를 사용하는 순간 시혜자와 수혜자의 차이가 발생합니다. 주는 사람은 자기 선행에 만족할지 몰라도 받는 이들은 굴욕감을 느낄 수 있기 때문입니다. 선을 행하고도 생색을 내지 않을 만큼 성숙한 사람이라야 제대로 줄 수 있지 않겠습니까? 손으로만 표현된 나눔은 바로 그런 메시지를 담고 있습니다.

||||||||||

이미 눈치채셨겠지만 그림에 등장하는 인물들 가운데 도움을 받는 이들의 얼굴은 다 동일합니다. 세상에서 가장 보잘것없는 사람과 자신을 동일시하시는 예수님이십니다. 오늘 우리는 우리 곁에 다가오시는 주님을 알아볼 눈이 있는지 모르겠습니다. 열린 문 앞에 선 나그네가 등지고 선 저편에 붉은 대지와 맑고 푸른 하늘이 아스라이 보입니다. 그리고 무심한 듯 십자가가 그려져 있습니다. 아주 작게 그려진 십자가는 문 안쪽, 그러니까 우리의 일상 속에서 일어나는 모든 일을 하나로 묶어주는 벼릿줄입니다.

그림에서 유난히 강조되는 것은 '손'입니다. 화면의 맨 아래에 등장하는 손만이 아니라 보잘것없는 이들을 돌보고 어루만지는 이들의 손이 도드라집니다. 어루만짐은 치유의 행위이기도 합니다. 예수님은 이스라엘의 정결법에 의해 부정한 자로 낙인찍힌 이들의 몸에 손을 대는 것을 꺼리지 않으셨습니다. 그들과의 접촉이 스스로를 부정하게 만드는 일이었는데도 그런 행위를 감행했던 것은 그들의 존엄을 지켜주려는 사랑 때문이었습니다. 어루만짐 혹은 접촉은 환대의 다른 표현입니다. 저널리스트인 고종석 씨는 "어루만짐은 일종의 치유이고 보살핌이고 연대(『어루만지다』, 마음산책, 2009, 233쪽)"라고 말합니다.

'손'은 우리가 외부 세계와 접촉하는 통로입니다. 손처럼 표징이 풍부한 것이 또 있을까요? 악수하는 손, 노동을 통해 세상과 교섭하는 손, 누군가를 때리는 손, 밀어내는 손, 쓰다듬는 손, 어루만지는 손, 기도를 위해 모은 손……. 손은 발화되지 않는 말인 경우가 많습니다. 함석헌 선생(1901-1989)의 장편시 '흰 손'은 우리가 하나님께 내밀어야 할 손이 무엇인지를 노래하고 있습니다. 시인은 심판의 자리에 나오는 신기들의 모습을 이렇게 그려 보여 줍니다.

멀리서부터 머리 조아려 조아려

걸음마다 떨며 부르는 합창소리,

"감사와 찬송을 드리옵니다.

영광과 존귀를 세세에 드리옵니다."

"죽을 죄인들 아무 공로 없사오나

우리 주 예수 흘린 피 믿습니다.

모든 죄 대속해 주심 힘입어

의롭다 해주심 얻을 줄 알고 옵니다."

경건하기 이를 데 없는 장면입니다. 그런데 하나님은 그들에게 얼굴을 들라시면서 "내 아들에 입 맞춘 네 눈동자를 보자. 손을 내밀어라. 그 피를 움켜 마셨을 그 네 손을."('흰 손' 중에서) 보여 달라 말씀하십니다. 우리 살과 뼈와 혼과 얼에 예수의 피가 배었다면, 남 위해 땀 흘리고 피 흘렸다면, 우리의 손이 '흰 손'일 리 없다는 것입니다.

지거 쾨더의 그림은 분주하기에 많은 소중한 것들을 잃어버린 채 살아가는 우리에게 하나님의 마음을 읽으며 살라는 일종의 초대장입니다. 그 그림들을 읽으며 고요히 자신을 성찰할 때 일상의 삶을 거룩하게 살아낼 힘이 유입될 것입니다.

루카스 크라나흐, **종교개혁 제단화** Reformations Altar
1547, 비텐베르크 성모 시(市)교회, 독일

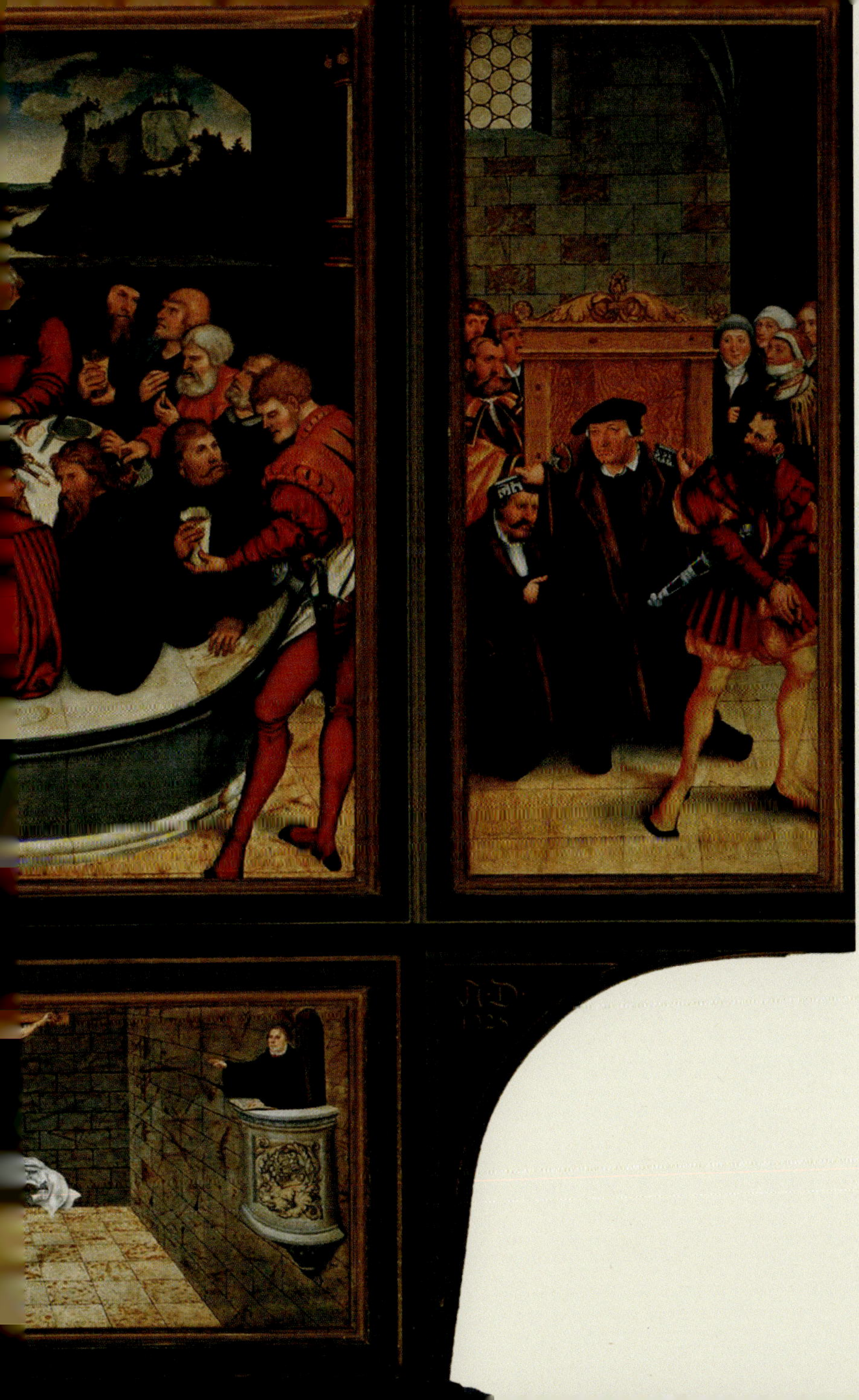

그리스도의 임재를 체험하라

루카스 크라나흐
〈종교개혁 제단화〉

10월은 결실의 계절이기도 하지만 기독교인들에게는 종교개혁이 먼저 떠오르는 달입니다. 교회를 오래 다닌 이들은 종교개혁 어간에 벌어진 루터의 일화를 귀가 닳도록 들었을 것입니다. '오직 ~으로만!'으로 번역되는 'sola ~'도 매우 익숙할 겁니다. 사실 '오직'이라는 말은 많은 오해를 자아낼 수 있습니다. 고백의 언어인 그 용어를 객관적 사실의 언어로 받아들이는 순간 생각이 다른 이들과의 소통은 불가능해집니다.

종교개혁 시기에 개혁 정신을 화폭에 담아냈던 화가가 여럿 있습니다. 알브레히트 뒤러(Albrecht Dürer, 1471~1528), 한스 홀바인(Hans Holbein, 1497~1543), 피터르 브뤼헐(Pieter Bruegel the Elder, 1525~1569)이 대표적입니다. 한 세기 후의 사람이긴 하지만 렘브란트(Rembrandt, 1606~1669)도 거기 속한다고 할 수 있습니다. 그러나 지금부터 이야기하려는 루카스 크라나흐(Lucas Cranach the Elder, 1472~1553)만큼 루터의 종교 개혁에 깊이 기여한 사람은 없다고 말해도 과언이 아닙니다.

크라나흐는 16세기 독일을 대표하는 화가인데 작센의 선제후인 프레드리히(Friedrich III, 1463~1525)가 통치하던 비텐베르크 시의 궁정 화가로 활동했습니다. 그는 그림을 매우 빨리 그리는 것으로 유명했습니다. 그래서인지 부와 명예를 한껏 누렸습니다. 젊은 시절에는 성경과 신화에 등장하는 이야기를 많이 그렸고, 누드화도 많이 그렸습니다. 뱀의 유혹에 넘어간 아담과 이브 그림도 여러 장 그렸습니다. 〈어울리지 않는 연인들〉 연작은 그 시대의 졸부들이 젊은 여인들을 어떻게 유혹했는지 보여 주는 일종의 풍속화처럼 보이기도 합니다. 탁월한 세부 묘사 때문에 사람들은 그림 속에 암시된 서사를 어렵지 않게 읽을 수 있습니다.

그러나 그의 가장 중요한 그림은 종교개혁 신학을 담아낸 것들입니다. 많은 이들이 루터 하면 떠올리는 초상화도 그가 1529년에 그린 것으로 피렌체의 우피치 미술관에 전시되어 있습니다. 순례자들은 루터가 종교개혁 95개 논조를 게시한 성채교회에 오래 머물지만 실제로 종교개혁에서 중요한 장소는 비텐베르크 성모 시(市)교회(Stadtkirche St. Marien)라고 할 수 있습니다. 루터가 이 교회에서 오랫동안 설교했고, 종교개혁 신학의 기초가 닦인 곳이라고 할 수 있기 때문입니다.

이 교회에는 크라나흐가 그린 〈종교개혁 제단화〉가 있습니다. 상부 패널에는 성례전을 나타내는 세 폭의 그림이 나란히 배치되어 있습니다. 개신교회의 성례전은 세례와 성만찬이지만, 한때 루터는 참회도 일종의 성례전이라 생각했습니다. 아래쪽 패널인 프레델라(predella)는 개신교회의 중심이라 할 수 있는 설교에 관한 그림이 등장합니다.

상단의 왼쪽 패널은 많은 이들이 지켜보는 가운데 어떤 사람이 세례반에서 아기에게 세례를 베푸는 장면을 담고 있습니다. 평범한 장면처럼 보이지만 이 장면은 두 가지 측면에서 매우 중요합니다. 종교개혁 당시 급진적인 개혁자들 가운데는 유아세례를 반대하는 이들이 있었습니다. 그들은 본인의 신앙고백에 근거하지 않는 유아세례는 효력이 없다고 생각했습니다. 하지만 루터를 비롯한 비텐베르크의 개혁자들은 유아세례는 그 자체로 효력을 발생시킨다고 생각했습니다. 또한 사람들은 아기를 들고 있는 이가 루터를 도왔던 멜란히톤이라고 말합니다. 그는 아직 안수를 받지 않은 평신도였습니다. 세례는 반드시 안수받은 성직자만 베풀 수 있다는 통념을 크라나흐는 깨뜨리고 있습니다. 위급시에는 평신도들도 안수를 할 수 있다고 생각했기 때문입니다.

상단의 오른쪽 패널은 참회를 보여 줍니다. 중앙에 검은 모자를 쓰고 고해수 앞에 있는 인물은 개신교회 최초의 칭빙목사로서 시교회를 담임하던 요하네스 부겐하겐(Johannes Bugenhagen, 1485~1558)입니다. 그는 손에 두 개의 열쇠를 쥐고 있습니다. 풀 수도 있고, 맬 수도 있는 천국의 열쇠일 겁니다. 그의 앞에는 무릎 꿇은 채 참회하고 있는 사람과 옆구리에 뭔가를 낀 채 앞으로 손을 모은 사람이 보입니다. 그는 마치 묶인 것처럼 보입니다. 참회한 사람과 그렇지 않은 사람의 차이를 드러내기 위한 것으로 보입니다.

중앙패널은 성찬식 장면입니다. 성찬식 장면은 레오나르도 다빈치의 도상을 따라서 사각형 테이블이 등장할 때가 많지만 크라나흐는 원탁을 사용하고 있습니다. 짐작하시겠지만 원탁은 평등과 소통의 상징입니다. 계급은 지양되었습니다. 크라나흐는 종교개혁 신학이 가르치는 만인사제직을 그렇게 표현하고 있습니다. 탁자의 한복판에 어린양이 있습니다. 죽임을 당한 어린양 예수를 상징하는 것입니다. 그리고 크라나흐는 이 성찬 혹은 만찬에 등장하는 인물들을 다 비텐베르크 주민들의 모습으로 그렸습니다. 요한은 예수님의 품에 안겨 있고 베드로는 한손을 가슴에 얹고 있습니다. '나는 아니지요?' 하는 몸짓입니다. 아래쪽 좌단에 돈주머니를 차고 있는 인물은 유다입니다. 그의 발을 보십시오. 금방이라도 바깥으로 나갈 것처럼 외부를 향하고 있습니다.

오른쪽을 보면 검은 옷을 입은 사람이 서 있는 사람에게 잔을 건네는 모습이 보입니다. 앉은 사람은 루터이고 서 있는 사람은 크라나흐의 아들입니다. 중세 가톨릭은 성찬의 포도주를 평신도들에게 주지 않았습니다. 포도주는 오직 사제계급에게만 허용되었습니다. 일종의 특권이자 차별성의 표시였습니다. 그러나 루터는 모든 이에게 포도주를 주어야 한다고 생각했습니다. 성찬에 대한 이해가 달라진 것입니다. 그림을 연구한 사람들은 루터 옆에 앉은 수염투성이 인물이 루터가 번역한 신약성서를 출판했던 한스 루프트(Hans Luft, 1495~1584)라고 말합니다. 사도들의 자리에 세속적인 직업인이 끼어 있습니다. 우리는 모든 직업은 하나님이 주신 소명이라는 종교개혁 신학을 이 장면을 통해 유추할 수 있습니다.

::::::::::

이제 프레델라 부분을 살펴볼 차례입니다. 예배당 한복판에 십자가가 서 있습니다. 바닥부터 천장까지 이르는 십자가는 마치 교회를 지탱하는 기능처럼 보입니다. 바람도 없는데 십자가에 달리신 수님의 세마포 옷이 휘날립니다. 십자가의 수님과 부활하신 수님이 눈이 아님을 상징하기 위해서일 겁니다. 설교단에 서 있는 사람은 루터입니다. 그의 왼손은 성경책 위에 올려져 있고, 오른손은 십자가 위의 예수님을 가리키고 있습니다. 그라나흐는 '오직 믿음으로', '오직 성성으로', '오직 은총으로'라는 종교개혁 신학을 그렇게 형상화했습니다. 벽과 바닥에 점점이 흩뿌려진 붉은 빛은 그리스도의 보혈을 나타냅니다. 회중석에는 다양한 사람들이 앉거나 서 있습니다. 노인도 있고 아이도 있습니다. 그들은 루터의 설교에 귀를 기울이고 있지만, 시선은 중앙에 있는 십자가를 향하고 있습니다. 선포되는 말씀을 통해 회중들은 그리스도를 과거의 인물이 아니라 그들 가운데 임재하신 주님으로 경험하고 있습니다. 회중석 맨 앞에 있는 여인은 루터의 아내인 폰 보라이고 그의 무릎에 손을 얹고 있는 아이는 루터의 아들 한스입니다. 신앙공동체는 이처럼 다양한 회중과 복음의 선포자인 설교자로 구성되지만 그들의 사귐과 모든 실천의 중심에는 십자가가 서 있어야 함을 보여 줍니다.

크라나흐는 루터의 십자가 신학과 성례전 신학을 가시화함으로써 많은 이들을 넓고 깊은 신학의 세계로 인도하고 있습니다. 소재주의에서 벗어나 신학을 담아내는 화가들이 많아지면 좋겠습니다.

오귀스트 로댕, **대성당** La Cathédrale
1908, 브론즈, 65×30×30cm, 로댕박물관, 파리

서로를 향해
내민 손

오귀스트 로댕
〈대성당〉

미술사에 대해 잘 알지 못하는 분들에게 아는 조각가 이름을 대보라고 하면 누구를 떠올릴까요? 오귀스트 로댕(Auguste Rodin, 1840~1917)일 겁니다. 로댕의 〈생각하는 사람〉을 모르는 이는 많지 않습니다. 무릎 위에 팔꿈치를 괴고 턱을 받친 채 잔뜩 웅크린 모습이 왠지 고뇌하는 인간의 모습처럼 보여서일까요? 미술사가들은 로댕의 위대함이 그리스 로마 시대에 마련된 고전적 아름다움의 문법을 넘어섰다는 데 있다고 말합니다. 균형, 우아함, 이성, 절도(節度)를 통해 그리스 조각가들은 아름다움의 본질에 다가서려고 했습니다. 그러나

로댕은 이상화된 아름다움이 아니라 인간 조건의 비참함, 운명 앞에 무기력한 인간의 모습, 과도한 욕망으로 인해 추락하는 인간의 모습을 그려내는 데 심혈을 기울였습니다.

그는 타고난 조각가였지만 빈곤했던 가정 형편 때문에 정규적인 미술 교육을 받기 어려웠습니다. 그랑제콜(엘리트 양성기관)에 세 번이나 낙방했고, 스무 살 무렵에는 부모에게서 독립하기 위해 건축물 장식가의 제자로 들어가서 상식적인 작품을 제작하기도 했습니다.

그러나 1875년에 이탈리아를 여행하면서 그의 삶은 변곡점을 맞이합니다. 그곳에서 만났던 미켈란젤로(Michelangelo di Lodovico Buonarroti Simoni, 1475~1564)의 작품이 마음을 크게 움직였습니다. 미켈란젤로의 조각 속에서 그는 그림자에 주목했고, 그림자가 불안한 영혼의 상태, 실현될 수 없는 열망을 담고 있음을 알아챘던 것입니다. 그때부터 그는 상식적인 작품 제작을 거절하고 자기만의 작품을 만들기 시작합니다. 작품 〈청동시대〉가 평단의 주목을 받으면서 조각가로서 그의 입지가 단단해집니다.

그는 1880년에 장식미술관을 건립하려던 프랑스 정부에 정문 조각을 위탁받습니다. 로댕은 단테(Dante Alighieri, 1265~1321)의 『신곡』에서 받은 영감을 바탕으로 〈지옥의 문〉 제작에 심혈을 기울였습니다.

나중에 장식미술관 건립 계획이 변경되면서 결국 〈지옥의 문〉은 미완으로 남았지만 작품에 등장하는 200여 명의 모습은 그 자체로 하나의 세계를 이루고 있습니다. 〈생각하는 사람〉도 그 가운데 하나입니다. 단테는 『신곡』에서 지옥문 앞에 "여기 들어오는 너희 온갖 희망을 버릴진저"라고 적혀 있다고 말했습니다. 로댕은 세기말적 소용돌이에 휩쓸리던 당시의 유럽을 우울하게 바라본 것 같습니다. 이는 프랑스 상징주의 시인 보들레르(Charles Baudelaire, 1821~1867)의 영향 때문이라는 평도 있습니다.

∎∎∎∎∎∎∎∎∎

1884년에 제작한 〈칼레의 시민〉은 로댕이 영웅적 이상보다 두려움 속에서도 다른 사람들을 위해 자기를 희생한 이들의 숭고함을 보여 줍니다. 14세기에 영국과 프랑스 사이에 벌어졌던 백년 전쟁의 한 사건을 형상화한 것인데, 칼레시는 칼레를 멸망의 위기에서 구한 여섯 영웅의 기상을 표현해 주기를 바랐지만, 로댕은 밧줄을 목에 건 그들을 고뇌에 가득 찬 인물들로, 죽음의 공포 앞에 선 이들로 표현했습니다.

칼레의 시민, 1884

그의 작품에서 논란이 많은 작품 중 하나가 1891년에 제작한 〈발자크상〉입니다. 그는 발자크를 사실적으로 재현하기보다는 투쟁적인 성격을 드러내는 데 집중했습니다. 봉두난발인 머리카락, 움푹 팬 눈은 현실에 길들기를 거부하는 발자크라는 인물의 특성을 고스란히 드러내고 있습니다.

┃┃┃┃┃┃┃┃┃┃

이제 〈대성당〉에 대한 이야기를 할 차례입니다. '대성당' 하면 대부분의 사람들은 고딕식 건축물을 떠올릴 것입니다. 고딕식 건물은 마치 지상의 인력을 거부하면서 위로 위로 올라가 마침내 하나의 중심에 도달하려는 것처럼 보입니다. 어떤 이들은 고딕식 건물이 스콜라 철학의 건축적 재현이라고 말합니다. 그런데 로댕이 1908년에 제작한 〈대성당〉은 그런 우리의 생각을 비웃듯 사뭇 다른 형태입니다.

〈대성당〉은 뜻밖에도 마주 세워진 서로를 향해 기울어진 두 손을 형상화했습니다. 가만히 살펴보십시오. 그 손은 한 사람이 기도하듯 모은 두 손이 아니라 두 사람이 서로를 향해 내민 손임을 알 수 있습니다. 두 손이 모두 오른손이니 말입니다. 로댕이 원래 이 작품을 만든 것은 분수의 장식을 위한 것이었다고 합니다. 활 모양의 두 손 사이로 물이 솟아오르도록 계획했던 것이라는 말입니다. 하지만 이 작품은 그렇게 장식으로 사용되지 않았고 결국 독립적인 작품이 되면서 〈대성당〉이라는 이름을 얻게 되었습니다.

마주 보고 있는, 서로를 향해 기울어진 두 개의 오른손이 빚어낸 공간이 참 아늑해 보입니다. 손처럼 개성이 풍부한 게 또 있을까요? 노동하는 손, 기도하는 손, 어루만지는 손, 마주 잡아 친근함을 드러내는 손, 손사래를 쳐 거부감을 드러내는 손. 손은 이처럼 많은 말을 합니다. 로댕은 서로의 아픔을 어루만지기 위해 다가서는 손이야말로 교회의 손길임을 드러내고 싶었던 것일까요? 독일의 시인 라이너 마리아 릴케(Rainer Maria Rilke, 1875~1926)는 누군가를 향해 내민 손은 더 이상 자신의 출신지인 육체에 속하지 않는다고 말합니다. 그것은 영적인 몸짓이라는 것이지요.

|||||||||

미국의 소설가인 레이먼드 카버(Raymond Carver, 1938~1988)의 단편 『대성당』도 같은 말을 하는 것 같습니다. 소설은 별로 내키지는 않

지만 아내의 손님을 맞이해야 했던 한 남편의 시점에서 전개됩니다. 아내의 손님 로버트는 앞을 보지 못합니다. 손님을 남겨 두고 아내가 잠시 자리를 비우자 남편은 매우 곤혹스러워합니다. 함께 할 수 있는 일이 없었기 때문입니다. 잠시 허튼소리를 주고받다가도 이내 할 말이 사라지곤 했습니다. 담배를 나눠 피우고, 술을 마시는 것도 시들해질 무렵, 무료함과 민망함을 달래보려고 텔레비전 채널을 서핑했지만 볼만한 프로그램이 없었습니다. 어느 채널에서 세계 각국에 있는 대성당을 소개하고 있었습니다.

갑자기 호기심이 생긴 '나'는 로버트에게 묻습니다. "대성당이 어떤 것인지에 대한 감이 있습니까?" 로버트는 수많은 사람이 오랜 기간에 걸쳐 만든다는 것 이외에는 아는 것이 없다고 말합니다. 그의 부탁으로 '나'는 대성당의 형태에 대해 설명해 보려고 노력하지만 그렇게 효과적이지는 않습니다. 로버트는 갑자기 좋은 생각이 떠올랐다는 듯 종이와 펜을 가져와 함께 대성당을 그려보자고 말합니다. 그는 펜을 쥐고 그림을 그려나가는 '나'의 손 위에 자기 손을 얹은 채 대성당 그림을 느꼈습니다. 벽체, 첨탑, 아치 모양의 창문, 버팀도리, 큰 문. 그림을 그려나가는 동안 둘은 어떤 충만함을 맛봅니다.

이 작품은 '본다'는 사실의 본질에 관해 묻습니다. 하지만 작품을 읽어나가는 동안 나는 엉뚱하게도 '나'의 손 위에 '너'의 손이 포개질 때 비로소 대성당이 자신을 드러낸다는 것, 거룩함은 두 존재의 만남을 통해 발생한다는 메시지를 들었습니다.

강은교 선생의 '당신의 손'은 어루만짐 혹은 마주 잡음, 다가섬의 신비를 이렇게 노래합니다.

당신의 손이 길을 만지니
누워 있는 길이 일어서는 길이 되네
당신이 슬픔의 살을 만지니
머무대는 슬픔의 살이 기쁨의 살이 되네

아, 당신이 죽음을 만지니
천지에 일어서는 뿌리들의 뼈

누군가를 나와 다르다 하여 밀어낼 때, 장벽을 세워 소외시킬 때 거룩은 소멸되는 법입니다. 로댕의 〈대성당〉은 오늘의 한국교회가 본질을 잃은 것은 아닌지 묻고 있습니다.

마르크 샤갈, **이삭의 희생** Le sacrifice d'Isaac
1960~1966, 230×235cm, 국립 마르크 샤갈 미술관, 니스

고통을 넘어
기쁨에 이르다

마르크 샤갈
〈이삭의 희생〉

　많은 미술 애호가들의 사랑을 받는 마르크 샤갈(Marc Zakharovich Chagall, 1887~1985)은 벨라루스의 비테프스크에서 태어났습니다. 유대계였던 그는 상트페테르부르크에서 미술 수업을 받다가 젊은 시절 프랑스로 이주하여 평생 그곳에서 살았습니다.

　몇 해 전 프로방스 지역을 여행하다가 니스에 들른 것은 순전히 국립 마르크 샤갈 미술관에 전시된 그의 성서화를 보고 싶었기 때문입니다. 그림 앞에 서는 순간 호흡을 가다듬어야 했습니다. 도판으로만 보던 그림을 실제로 보면 누구나 놀랄 수밖에 없습니다. 샤갈의 성서화가 제게 준 놀라움은 색채의 아름다움과 그림의 크기, 그리고 상상 속에 재현해 놓은 성서 이야기의 풍성함이었습니다. 며칠 동안이라도 그 그림 앞에 서성이며 화가와 이야기를 나누고 싶은 심정이었습니다. 그가 세상에서 가장 아름다운 마을이라며 노년기를 보냈던 생뽈 드 방스는 사실의 섬세하고 따뜻한 마음을 보여주듯 고즈닉했습니다. 마을 묘지에 있는 그의 무덤은 너무나 평범하고 소박했습니다.

초창기부터 그의 그림은 색채가 화려하고 몽환적입니다. 그의 화집을 뒤적이다 보면 나도 모르는 사이에 신화의 세계에 들어간 듯한 느낌에 사로잡히기도 합니다. 자연과 인간, 꿈과 현실, 기쁨과 슬픔, 폭력과 성스러움이 서로 스며들어 있기 때문입니다. 그의 삶이 평안했던 것만은 아닙니다. 그는 고국에서 러시아 혁명 시기를 보냈고, 프랑스에서는 고향을 그리워하는 이방인으로 살았습니다. 격동기의 유럽에서 유대인이라는 출신 배경은 그를 늘 경계선 위에 서게 했습니다. 어쩌면 그런 다양한 삶의 배경이 그의 색채와 형태 속에 녹아든 것이 아닌가 싶습니다.

〈이삭의 희생〉은 그가 거의 80세 가까이 된 1966년에 그린 그림입니다. 인생의 단맛과 쓴맛을 다 본 나이이고, 젊은 날의 열정도 다 사그라들 법한 시기입니다. 그러나 그 그림에는 고통을 겪는 이 세계를 향한 뜨거운 사랑이 담겨 있습니다. 그림의 우측 하단에는 아브라함과 장작단 위에 누인 이삭이 등장합니다. 오른손에 커다란 칼을 든 아브라함은 왼팔로 이삭의 다리를 감쌉니다. 얼굴 가득 고통과 비애가 넘칩니다. 백 세에 얻은 아들을 희생해야 하는 심정이 표정에 고스란히 담겼습니다. 거기에 비해 젖버듬하게 기울어진 이삭의 얼굴은 평온합니다. 마치 아름다운 꿈이라도 꾸는 것 같습니다. 이 장면을 그린 다른 화가들은 대개 이삭을 소년으로 그리지만 샤갈은 건장한 청년의 모습으로 형상화하였습니다.

이야기를 더 전개하기 전에 우선 그림의 구성을 조금 더 눈여겨보는 것이 좋겠습니다. 그림의 좌측 상단에는 두 명의 천사가 등장합니다. 높은 곳에 배치된 흰옷을 입은 한 천사는 어딘가를 가리켜 보이고, 하늘과 땅의 경계를 나타내는 푸른빛 속에 등장한 천사는 다급하게 아브라함의 행동을 만류합니다. 그러나 그의 눈은 감겨 있습니다.

땅에서 벌어지는 일을 차마 볼 수 없었기 때문일까요? 그러고 보니 아브라함의 표정은 고통과 비애만이 아니라, 당혹감과 안도감이 혼재된 것 같기도 합니다.

화면의 우측 상단에는 예수님의 십자가 행렬이 보입니다. 지친 듯 큰 십자기를 진 채 비틀거리는 예수님 옆으로, 머리를 조아린 채 슬픔을 표현하는 여인들, 율법책을 옆구리에 낀 성통아 유내인, 아기를 안고 있는 여인, 두 팔을 들어 올린 여인의 모습이 등장합니다. 얼핏 보면 "예루살렘의 딸들아 나를 위하여 울지 말고 너희와 너희 자녀를 위하여 울라(눅 23:28)." 하신 말씀을 재현한 것처럼 보입니다. 그러나 다른 해석도 가능합니다. 샤갈은 한 화면 속에 성경 이야기의 결정적인 순간을 포착해서 보여 주는 다른 화가들과 달리, 이야기 전체를 화면에 담곤 합니다. 그러니까 그의 그림은 공간적이라기보다는 시간적이라고 해야겠지요. 그렇게 본다면 이 여인들은 예수님의 생애와 관련된 여러 사건과 연관되는 인물들이라고 볼 수 있습니다. 탄생과 십자가 처형, 그리고 부활의 기쁨까지 오롯이 담겨 있다 하겠습니다.

한 가지 더 주목할 것이 있습니다. 화면의 좌측 중앙에 나무 한 그루가 있습니다. 그 뒤에 숫양 한 마리가 보입니다. 하나님께서 준비해 놓으신 선물입니다. 그런데 이 그림이 주는 충격은 그 나무 뒤에 등장하는 한 여인입니다. 물론 그 여인은 사라입니다. 가슴 위로 들어 올린 사라의 두 손은 극도의 슬픔과 당혹감을 드러냅니다. 우리는 오랫동안 창세기 22장을 읽으며 아브라함의 믿음과 이삭의 헌신 이야기를 많이 했지만, 사라의 마음을 헤아리지는 못했습니다. 사라는 지워진 존재였습니다. 산고 끝에 낳은 아들, 애지중지 기른 아들의 운명이 걸린 문제에서 누구도 사라의 의사를 묻지 않았습니다. 샤갈은 사라를 과감하게 등장시킵니다. 어머니의 찢어지는 마음을 헤아려 보자는 것입니다. 여기 등장하는 사라는 바벨론으로 끌려가는 후손들 때문에 무덤 속에서도 통곡했던 라헬일 수도 있고, 전쟁과 고문으로 억울하게 죽은 자식을 애도하는 어머니일 수도 있고, 세월호 희생자들의 어머니와 아버지일 수도 있습니다.

∎∎∎∎∎∎∎∎∎

그러나 이 그림에 슬픔과 비통만 있는 것은 아닙니다. 이삭의 표정에는 하나님의 섭리에 자기를 맡긴 존재의 평안함이 녹아들었습니다. 그리고 흰옷 입은 전사가 가리키는 것이 십자가 사건이라는 사실

하얀 십자가 처형, 1938

도 암시하는 바가 많습니다. 죄 때문에 죽은 것이 아니라, 세상의 아픔과 슬픔, 그리고 죄를 대신 짊어지신 분이야말로 세상의 희망이라는 사실을 그렇게 표현한 것이 아닐까요? 전쟁과 살상의 시기를 살았던 마르크 샤갈은 유대인으로서의 정체성을 품고 살았지만, 십자가의 사랑이 아니고는 세상이 새로워질 수 없다는 사실을 도처에서 드러냅니다. 유대인들에 대한 박해의 서곡이었던 '수정의 밤'(Kristallnacht, 1938년 11월 9일 저녁에 벌어진 사건으로 많은 유대인들의 상점이 독일인들의 공격으로 파괴되었다) 사건을 겪은 후 그린 〈하얀 십자가 처형〉에도 가혹한 폭력의 현장 한복판에 십자가가 배치되어 있습니다.

∎∎∎∎∎∎∎∎∎

이제는 색채에 대해 살펴보겠습니다. 이 그림에는 흰색, 푸른색, 빨간색, 갈색, 노란색이 주로 사용됩니다. 흰색은 첫 번째 천사가 머무는 신적 영광의 세계입니다. 푸른색은 하늘과 땅 사이의 경계를 나타냅니다. 하나님의 보냄을 받고 다급하게 메시지를 전하러 온 두 번째 천사가 푸른색으로 표현된 것은 그 때문입니다. 빨간색은 신앙의 역설 앞에서 당혹스러워하는 아브라함의 마음을 나타냅니다. 갈색은 인간의 죄로 얼룩진 세상을 드러냅니다. 십자가는 바로 그런 세상 한복판을 가로지르며 희망을 창조합니다.

마지막으로 이삭의 얼굴과 상반신에 드리운 노란빛은 어떤 의미일까요? 고양된 영혼, 신적 기쁨 속에 들어간 영혼의 모습이 아닐까 싶습니다. 아브라함의 뒤편을 보십시오. 붉은빛이 잦아들며 노란빛이 감돕니다. 고통을 통해 기쁨에 이르게 됨을 샤갈은 이렇게 표현하고 싶었던 것일까요?

ⓒ Marc Chagall / ADAGP, Paris - SACK, Seoul, 2023

이 서적 내에 사용된 일부 작품은 SACK를 통해 ADAGP와 저작권 계약을 맺은 것입니다. 저작권법에 의하여 한국 내에서 보호를 받는 저작물이므로 무단 전재 및 복제를 금합니다.
저작권자를 찾지 못해 게재 허락을 받지 못한 일부 도판에 대해서는 저작권자가 확인되는 대로 게재 허락을 받고 통상의 기준에 따라 사용료를 지불하겠습니다.

특별한 빛을 보내오는 사람들
김기석의 그림읽기

1판 1쇄 발행 2023년 10월 30일
1판 2쇄 발행 2024년 9월 27일

지은이 김기석
발행인 이 철
편집인 김정수
편집부장 박영신
편 집 김혜진
캘리그라피 이하루

발행처 도서출판kmc
서울특별시 종로구 세종대로 149 감리회관 16층
(재)기독교대한감리회 도서출판kmc
전화 02-399-2008 팩스 02-399-2085
www.kmcpress.co.kr

디자인 하루의산책
인 쇄 천광인쇄사
ⓒ 김기석, 2023
ISBN 978-89-8430-896-1 03230

- 값은 뒤표지에 있습니다.
- 파본은 구입처에서 교환해 드립니다.
- 이 책 내용의 전부 또는 일부를 이용하려면 반드시 저작권자와 출판사의 서면동의를 받아야 합니다.